浙江大学 管理学院
SCHOOL OF MANAGEMENT
ZHEJIANG UNIVERSITY

2 0 1 4
中国家族企业健康指数报告

2014 Index for Healthy Chinese Family Business

陈 凌　窦军生　著

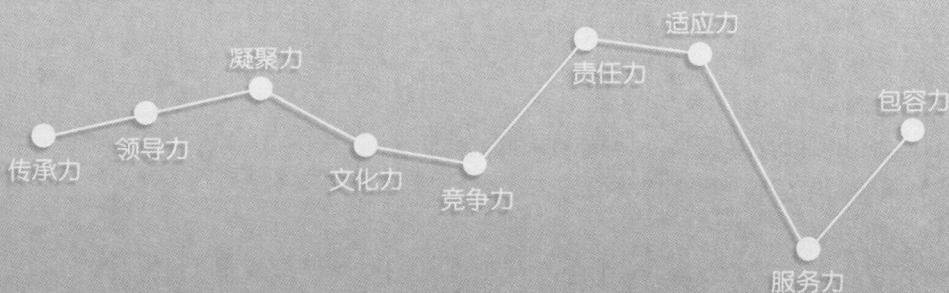

凝聚力

适应力

责任力

领导力

包容力

传承力

文化力

竞争力

服务力

ZHEJIANG UNIVERSITY PRESS
浙江大学出版社

图书在版编目（CIP）数据

2014中国家族企业健康指数报告 / 陈凌，窦军生著
. -- 杭州 ：浙江大学出版社，2014.12
　ISBN 978-7-308-14324-0

　Ⅰ．①2… Ⅱ．①陈… ②窦… Ⅲ．①家族—私营企业
—企业管理—研究报告—中国—2014 Ⅳ．①F279.245

中国版本图书馆CIP数据核字(2015)第004895号

2014中国家族企业健康指数报告

陈凌　窦军生　著

责任编辑	樊晓燕（fxy@zju.edu.cn）	
封面设计	杭州林智广告有限公司	
出版发行	浙江大学出版社	
	（杭州天目山路148号　　邮政编码　310007）	
	（网址：http://www.zjupress.com）	
排　　版	杭州林智广告有限公司	
印　　刷	浙江印刷集团有限公司	
开　　本	710mm×1000mm　1/16	
印　　张	9	
字　　数	166千	
版 印 次	2014年12月第1版　2014年12月第1次印刷	
书　　号	ISBN 978-7-308-14324-0	
定　　价	48.00元	

前　言
PRELUDE

　　肩负着培养具有国际视野、创新能力、创业精神和社会责任的高级管理专业人才与未来领导者的历史使命，浙江大学管理学院先后完成了《2012中国家族企业健康指数报告》、《2013中国家族企业健康指数报告》，指出了中国家族企业致力于成长发展的健康力量所需要的素养和环境，为学术界研究、企业家改善管理模式以及政府部门创新环境政策提供了策略性建议思路。

　　2014年，浙江大学管理学院成立了致力于民营（家族）企业成长发展和交接班相关人才培养的企业家学院，方太集团捐赠2000万元作为启动资金。2014年，中国家族企业健康指数的跟踪调查研究进入了第三年，研究报告在此时出版，恰恰记录下了"中国领先的家族企业智慧园"成立这一里程碑。未来本研究将依托企业家学院，塑造新时期中国企业家精神的新引擎。

　　在延续2013年中国家族企业健康指数研究的三个维度划分基础上，本年度的研究根据家族企业理论发展和市场环境变化，对中国家族企业健康指数报告的指标体系作了部分调整。此次研究以中国（不含港、澳、台地区）的家族企业为研究对象，整合了家族企业研究领域的专家意见，通过实地调查和企业走访获取资料；同时，课题组结合了浙江大学家族企业研究所多年来对家族企业的关注和研究，选取了有代表性的企业案例，对研究体系做了进一步的补充说明。

　　在中国家族企业转型和发展的关键时期，本研究试图以一个更宽广的视角来考量中国家族企业的健康发展。本年度的家族企业健康指数研究，借鉴了全国工商联研究室与浙江大学家族企业研究在2014年联合开展的"中国非公有制经济两个健康研究"课题的部分成果。家族企业是中国非公有制经济的主体，两者在有着诸多共通性的同时又存在一定的区别。通过综合两个研究成果，比较家族企业与非公有制企业健康的异同，可以揭示贯穿中国家族企业健康发展的关键所在，并为家族企业未来的发展与传承提供一面明镜。

限于研究的时间和精力，以及课题组研究团队的研究水平和学识，相关的理论观点论证还需要进一步完善。恳请境内外关心家族企业发展的专家、学者以及有识之士不吝指教，让我们在未来能够将研究做得更深入、更翔实，为中国家族企业健康发展尽一份微薄之力。

目　录

CONTENTS

图 目 录

LIST OF CHARTS

第一章

核心发现

KEY FINDINGS

核心发现一　整体良好，稳中有升

　　2014年中国家族企业健康指数研究结果表明，我国家族企业健康总分为71.67分，总体趋势稳定，部分指标小幅提升。其中，家族企业精神维度得分保持稳定（73.07分），行为维度得分小幅提升（71.04分），环境维度得分居中（71.48分）。

　　具体指标方面，家族企业责任力在所有指标中得分最高，达到80.57分。适应力、凝聚力也表现较好，分别为79.21分和75.67分。然而，竞争力和服务力有待提升，分别仅为68.53分和60.19分。这既表明我国的政府部门对家族企业的支持和包容还有待提高，家族企业需要更多的合法性和资源来扭转对其"任人唯亲"、"管理落后"的刻板印象；也说明外部环境的不友好已经引起家族企业领导者的充分重视，他们通过员工培训、环境保护和慈善捐赠等方式积极承担社会责任，树立积极的社会形象，从而获取外部的理解和支持。而在企业内部，家族企业的总体竞争力得分差强人意。这一方面与外部经济环境的疲软有关；另一方面也是由于家族企业治理机制的不完善和创新能力不足等多重因素所造成。

　　在本年度的研究中，对家族企业环境维度测量指标做了较大的调整和修订，因此部分指标得分较前两年有较大提升。然而总体来看，家族企业在适应外部环境上表现良好，但政府政策等家族企业发展的支持环境还有待进一步改善。

核心发现二　家人支持,身健心欢

　　企业家个人的身心健康是其追求崇高目标的重要起点。在中国的民营企业中,通常大权独揽的企业家对企业的影响巨大。前有王均瑶,后有魏东、王检忠等,他们因各种健康问题导致的突然辞世给企业带来了巨大的冲击。除了上述极端例子之外,家族企业主中高压力、亚健康的生活状态也十分普遍。

　　2014年中国非公有制经济"两个健康"课题研究发现,民营企业主个人健康状况良好。但由于应酬、工作压力等原因未能养成良好的健康习惯,致使其长期的生理健康状况存在隐患。尤其值得注意的是,相比于其他年龄段的企业家,青年企业家（40岁以下）的生理健康状况更令人担忧。

　　在心理健康方面,决策方式和家族支持都显著地影响着企业家的心理健康水平。偏好集体决策的企业家更容易缓解压力,心理健康状况更佳。在家族企业中,如何培养合适的接班人,实现家业长青,一直是悬在家族企业创始人头顶的达摩克利斯剑。本研究发现,获得了家族支持,尤其是子女愿意接班的家族企业主,由于没有了传承的后顾之忧,其心理健康状况也明显优于子女不愿意接班的家族企业家。

核心发现三　家族和谐，机制不全

　　家族企业作为家族和企业的耦合系统，家族文化、凝聚力和共享的价值观等都是家族企业成长的动力和重要资源。另外，规范的现代企业制度能够保障企业内部决策过程的顺畅高效。因此，成功的家族企业既要保障创业创新之火在家族系统内生生不息，又要在企业内部推行现代治理机制，以保障企业的可持续发展。

　　研究表明，我国家族企业在企业家个人层面和家族层面的"软实力"上表现突出。家族企业的领导人和接班人都表现出良好的素质，变革型领导风格的得分较高。而且，企业主家族内部关系普遍亲密和谐，家族凝聚力高。这有效避免了家族矛盾与冲突，进而排除了企业隐患。

　　然而，无论是家族系统还是企业系统，我国家族企业在治理机制等"硬实力"上仍有较大的提升空间。在家族决策方面，企业主家族多以家长一言堂或夫妻商量作为主要的决策方式，缺乏规范的家族治理机制；在公司治理方面，被访的家族企业中大部分没有完善的董事会。即使在设置了董事会的企业中，其监督效力也十分有限。且总体而言，家族控股比例越高的企业，其公司治理机制的规范性和有效性越低。

核心发现四 规划缺乏,传承存患

传承是制约家族企业持续发展的首要挑战。与前两年的研究结果类似,当前我国家族企业的传承困境持续存在。在非公有制企业中,30.9%的企业完全没有考虑交接班问题,30%仅仅有过简单的考虑。2014中国家族企业健康指数研究表明,家族企业在传承规划方面总体得分较低,仅为62.36分。在其具体的四个维度中,得分最高的是继任者的选择和培训,得分最低的是现任领导人在传承后的角色以及传承决策的传播。

这说明,许多即将面临或正在面临传承阶段的家族企业尚没有制订明确和系统的接班计划。中国家族企业多数是等到创始人力有不待时才安排传承事宜,甚至一部分已经完成交接的家族企业在传承时也没有制订过接班计划,大多是凭着感觉和经验摸索着进行交班。然而,继承人的培养是一个系统化的过程,难以一蹴而就。因此,制定明确的继承人培养规划、加强继任者与其他家族成员的沟通、维持亲密的家族氛围就成为保障企业顺利渡过传承震荡期的有效手段。

此外,我国长期执行的独生子女政策限制了家族接班人的选择范围,也相应放宽了对继任者性别的要求。研究发现,目前继任者虽然普遍接受过良好的教育并表现出较高的素质,但由于父母长期忙于工作疏忽家庭,继任者与其他家人的相处时间较短,导致他们之间关系不够紧密,这可能会给未来的传承带来不小的麻烦。

核心发现五　身份模糊，外人认同

家族企业作为一种特殊的企业组织形式，其独特性和社会贡献需要来自家族、员工、社会、政府等多个方面的支持，其中最重要的是自我认同。只有创始人家族对家族事业引以为豪时，才能构建和提升社会对家族企业的认同和包容。本研究发现，对家族企业的身份的自我认同直接影响家族企业健康。

认同家族企业身份的企业，其健康程度高于不认同自己是家族企业的企业。当认可自身是家族企业时，创始家族对企业的控制意愿、家族成员对企业的承诺以及传承规划都表现更好。特别是当在任者和继任者都高度认同时，两代人的互动关系与互相理解程度显著提高。然而在本研究中，大约有40%的样本企业并不认可自己的身份。家族企业对自身身份的认同度不高，一方面源自于家族企业主确实不够了解何为家族企业；另一方面，也折射出家族企业可能面临的负面评价和社会环境压力。

与创始家族低认同感不同，职业经理人对其所在家族企业的总体认同度较高。这表明，中国家族企业内部管理具有明显的泛家族化特征，且该特征受到企业员工的识别和认可。总体而言，职业经理人认同所在单位的家族企业身份时，企业的治理结构、管理效率都更佳。由此可见，家族企业不仅仅是学术研究上的僵硬名词，也反映我国大部分民营企业的组织特征，同时也是获得员工认可的组织特征。因此，家族企业这一标签非但不是任人唯亲的落后组织的代名词，反而可能是进行内部形象管理、增强员工组织认同的有效手段，是提升社会正面形象的一张"好牌"。

核心发现六　赢利不足，创新失衡

为了在激烈的市场竞争和整体疲软的全球经济环境中生存下去，家族企业必须具备较好的赢利能力。2014年家族企业健康指数研究发现，我国家族企业在成长性绩效指标（如销售增长率、市场占有率等）上表现良好，但在财务性绩效指标（如投资收益率、利润水平）上表现有待提高。这说明中国家族企业将市场竞争力转化为财务竞争力的能力不足。

进一步研究发现，绩效水平高的企业，在领导人特质、领导风格、领导人与继任者关系、职业经理人认同感以及社会责任等方面均表现突出。总体而言，我国家族企业偏好小步快跑的成长战略，即使牺牲一部分赢利也要保持财务上的稳健，资产负债率和偿债能力等指标均优于非公有制企业的平均水平。

稳健的财务战略有助于企业避免大起大落，但要想在瞬息万变的互联网时代保持长期的竞争力，只有依靠企业的持续创新。但我国家族企业在总体创新方面表现不够好，指标综合得分仅为62分。在样本企业中，平均研发投入金额占销售额的比重为1.83%，低于同年全国民营企业平均投资强度3.8%。另外，47%的企业投入了研发资金，这个比例高于全国的平均水平39.3%。创新结构上，家族企业也倾向于利用性创新而不是探索性创新，这种结构性失衡在二代家族成员领导下的家族企业中更加显著。家族企业年轻一代对探索性创新活动的不重视为企业的长期发展前景蒙上了一层阴影。

核心发现七　责任为先，内修外辅

　　家族企业不是存活于真空中的，而是在与其内外部利益相关者的互动中发展起来的。家族企业的健康永续发展既离不开外部环境的包容和支持，也离不开企业对外部环境变化的主动适应和有效应对。

　　本次研究发现，家族企业在社会责任的认可和承担上表现出色。在所有九力指标中责任力得分最高，这主要体现在遵守行业规范、法律规范等方面。在慈善公益、环境保护等方面表现欠佳。这说明，我国家族企业认识到社会责任不仅是遵纪守法和契约精神等基本义务，更是企业主动向外界释放积极信号的方式，对提升企业声誉获取社会资本有重要的促进作用。责任力会受到接班人能力和意愿的影响，接班人能力和意愿越高的企业，责任力得分越高。

　　相较于对社会责任的积极承担，家族企业在应对严峻的人力资本困境上表现乏力。本研究中，大多数样本企业缺乏有效的股权激励机制。如何吸引和留住优秀的职业经理人是我国家族企业进一步发展必须面对的课题。此外，外部环境对家族企业的包容和支持有待提高，尤其是政府政策的支持力度得分仅为60.19分。随着新一轮的金融开放和经济调整政策的落实，我国家族企业也将借力于环境改善，扭转公众认知，在经济发展和劳动就业中扮演越来越重要的角色。

第二章

研究说明

RESEARCH METHODOLOGY

第一节　研究背景和目的

改革开放以来,中国的民营经济取得了长足进步,成为推动国民经济发展、劳动力就业和社会进步的重要生力军。而从企业所有权结构、经营决策权的分布以及企业主家族对日常运营的参与程度等不同角度来看,我国的民营企业都表现出鲜明的家族化特征。经过30多年的发展,大部分民营企业都开始进入第一代向第二代传承的关键时期,一大批一代创业者即将退休,越来越多的家族二代成员将接过企业和家族财富的权杖。然而,虽然年轻一代普遍拥有更高的教育和学历背景,家族成员却往往缺乏实际的管理经验,使得家族传承过程伴随着阵痛。

除了传承过程本身的复杂性以外,宏观经济形势也使得本就崎岖的传承之路更加艰难。目前,全球经济进入缓慢复苏期,一向高歌猛进的中国经济也面临GDP增速放缓和出口下滑的难题。对于许多以制造业等传统行业为主的中国家族企业而言,在全球经济不景气的形势下寻求自主创新和转型升级刻不容缓。在这一特殊时期,家族企业需要同时面临产业升级和领导权更替两大挑战。

在上述背景下,分析健康力量的构成要素、调查中国家族企业的健康状况、探究顺利实现家族企业代际传承的路径,对于家族企业理论研究和社会经济发展都具有重要意义。作为中国企业健康力量系列研究之一,2014年的家族企业健康指数研究,除了延续2013年家族企业健康指数研究对于中国家族企业健康状况的调查分析外,还借鉴了与全国工商联在2014年联合开展的"中国非公有制经济两个健康研究"的部分成果。综合两个研究的成果,可以揭示贯穿中国家族企业健康发展的关键所在,并为家族企业未来的发展与传承提供一面明镜。

第二节　研究方法

本研究采用了定量分析和定性分析相结合的方法,包括文献研究、半结构化访谈和问卷调查三种研究方法。

●●●1. 文献研究法

文献研究法是指根据一定的研究目的或课题需要，通过查阅文献来获得相关资料，全面、正确地了解所要研究的问题，找出事物的本质属性，从中发现问题的一种研究方法。文献研究法是课题研究中最常用的方法。本次研究着重搜集和整理家族企业以及企业健康发展的国内外文献资料，为提出假设及发动内部头脑风暴提供理论支撑。而在企业个案研究中，企业发展历史、媒体采访报告等二手资料的收集拓展了时间和空间的限制，更加有利于对家族企业的长时间跟踪和经验总结。

与2013年家族企业健康指数研究相比，2014年家族企业健康指数研究在原有基础上补充了对近一年新文献的梳理，同时增加了家族健康和企业健康方面的研究，并将今年的研究主题拟定为"家族健康对企业健康的影响"。

●●●2. 半结构化访谈

本研究主要将半结构化访谈应用于家族企业案例研究中，对被访企业的关键人物和相关人物进行访谈，了解影响家族企业健康的主要原因并进行对比研究分析。半结构化访谈是一种基于结构化问题的、直接的、一对一的访问，通过掌握访问技巧的研究人员与受访对象进行交流，运用研究人员的调研经验和坦诚沟通方式，洞察受访者对某一问题的潜在动机、信念、态度和情感，挖掘真实材料。每次访谈的时间控制在2个小时左右。

浙江大学家族企业研究团队长期跟踪的部分案例研究成果也纳入到了本研究报告中。该团队由一批国内较早从家族视角观察民营企业成长的学者和博士生组成，采用案例研究的方式，通过深度访谈记录企业家的言行，长期跟踪案例企业的发展和变化。

●●●3. 问卷调查

（1）问卷执行说明

本研究采用多阶段随机抽样方法，共访问了284位家族企业家、职业经理人等，各省市/地区的样本分布见表2–1。

表 2-1　定量调查样本在相关省市的分布

省／直辖市	样本量	省／直辖市	样本量
广东	84	浙江	68
陕西	54	安徽	22
江西	19	湖北	18
其他	19	合计	284

问卷执行方式主要采用抽样问卷调查，对受访对象集中的EMBA、EDP、总裁班进行课程随堂调研。在问卷填写前，由参与研究的博士生对研究项目和问卷进行了说明，在填写过程中及时回答被调研者疑问，完成后回收问卷。所有问卷回收后再进行筛选，剔除不合格问卷，最终得到有效问卷数目为284份。

（2）调查者背景信息

·被访者职位分布

被访者中，88%为董事长、总经理、CEO、总裁等，12%为副总裁（见图2-1）

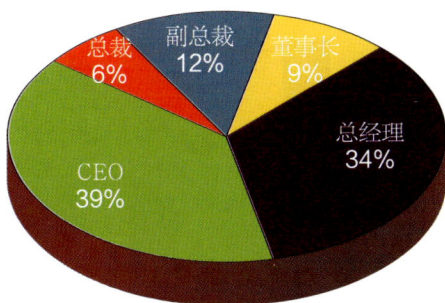

图 2-1　被访者职位分布

·被访者身份分布

从被访者的身份来看，38%为一代创始人，20%为接班人，非家族管理人员占到30%（见图2-2）。

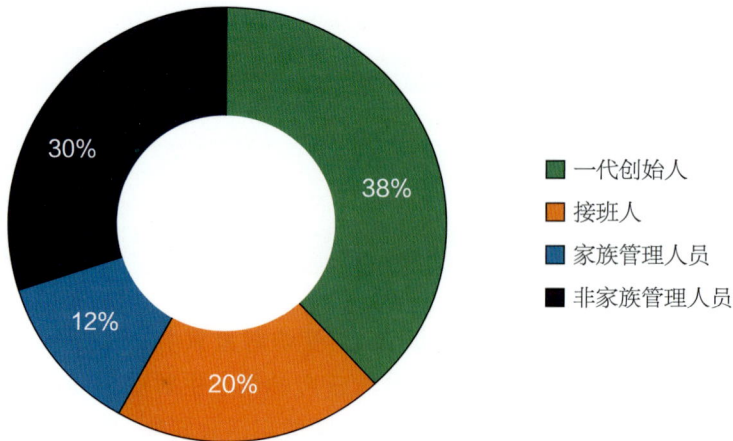

图2-2　被访者身份分布

　　一代创始人
　　接班人
　　家族管理人员
　　非家族管理人员

·被访者年龄分布

　　从被访者的年龄来看，48.69%的被访者处于31～40岁，41～50岁人数占25.84%，30岁以下的占21.35%（见图2-3）。

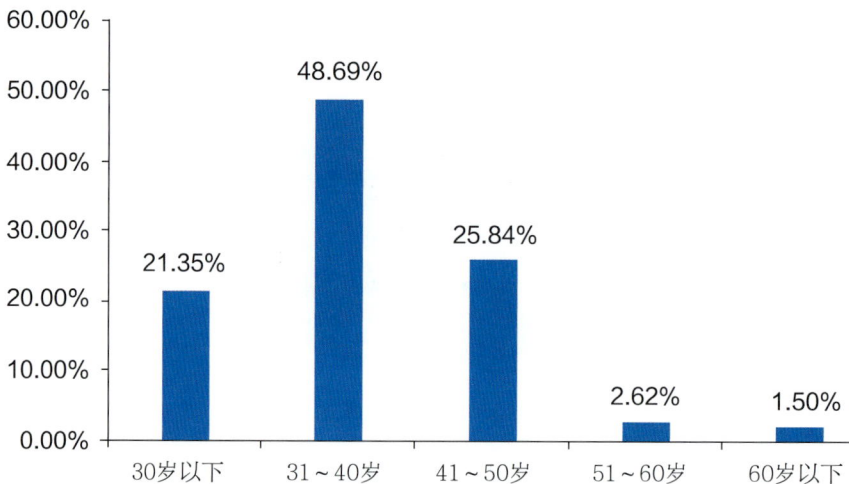

图2-3　被访者年龄分布

·被访者学历分布

　　被访者中，研究生及以上学历占12%，大学本科学历占43%，大专学历占27%（见图2-4）。

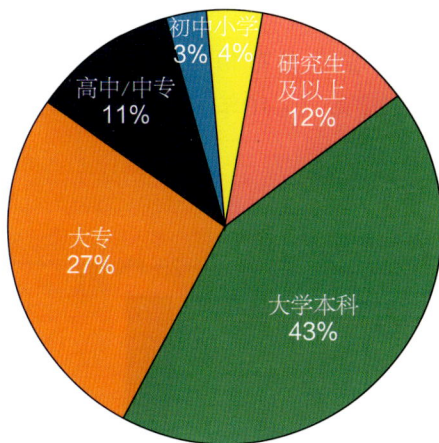

图 2-4　被访者学历分布

· **被访企业行业分布**

从行业分布来看, 制造业尤其是工业所占比重最大, 达到了25.26%。其他行业中, 消费者常用品和消费者必需品所占比重分别为20.07%和12.80%。而在电信服务, 能源、医疗保健等领域, 民营企业所占比重较低 (见图2-5)。此外, 部分企业同时从事多个行业的现象也有出现。

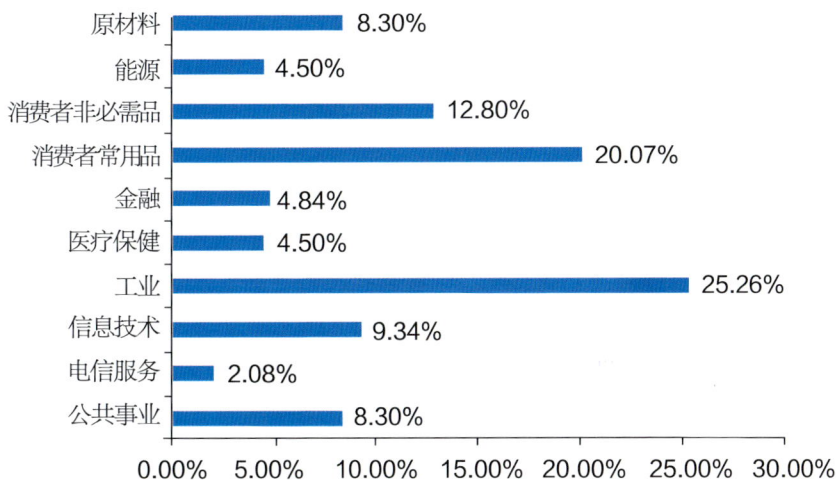

图 2-5　被访企业行业分布

·被访企业成立时间分布

从成立时间来看,被访企业分布相对比较均匀。成立15年以上的企业占32.7%,11~15年的企业占21.7%,6~10年的企业占25.4%(见图2-6)。

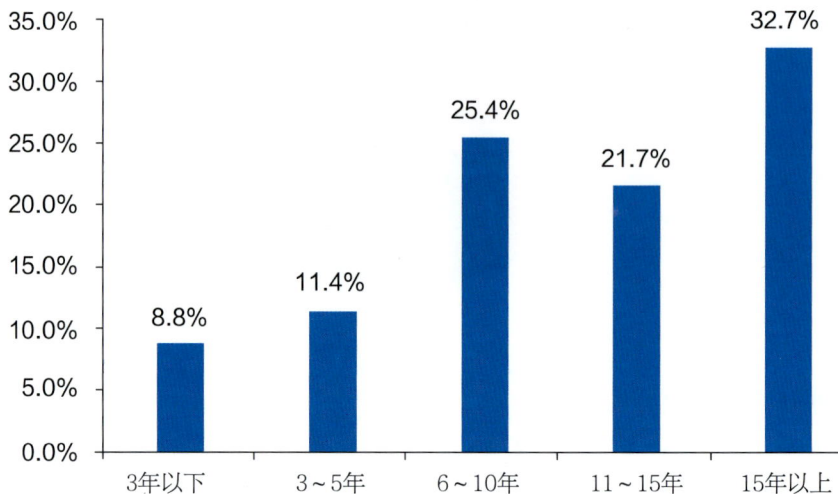

图 2-6　被访企业成立时间分布

·被访企业规模分布

被访企业中,员工规模在300人以下的企业占主导,约占调查总数的56.3%,1000人以上的企业占总样本的25.1%(见图2-7)。

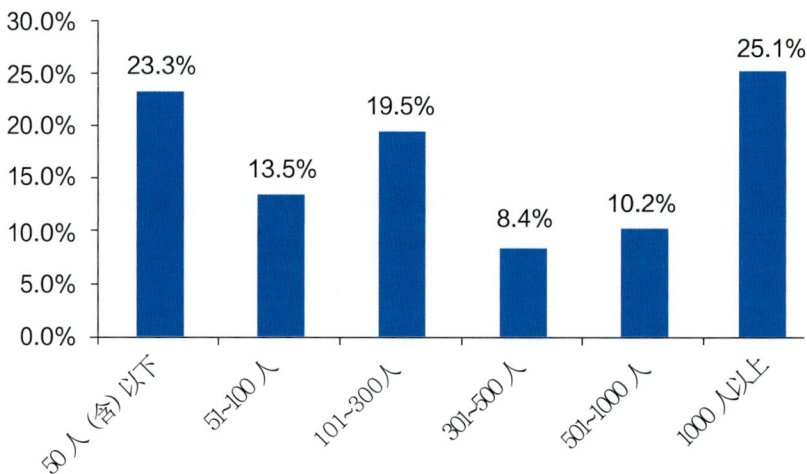

图 2-7　被访企业规模分布(员工数)

从年度销售额看，2013年被访企业的销售额集中在1001万～5000万元和1亿～10亿元这两个区间，分别占样本总数的24.8%和33.1%。其他区间段被访企业分布相对均匀（见图2-8）。

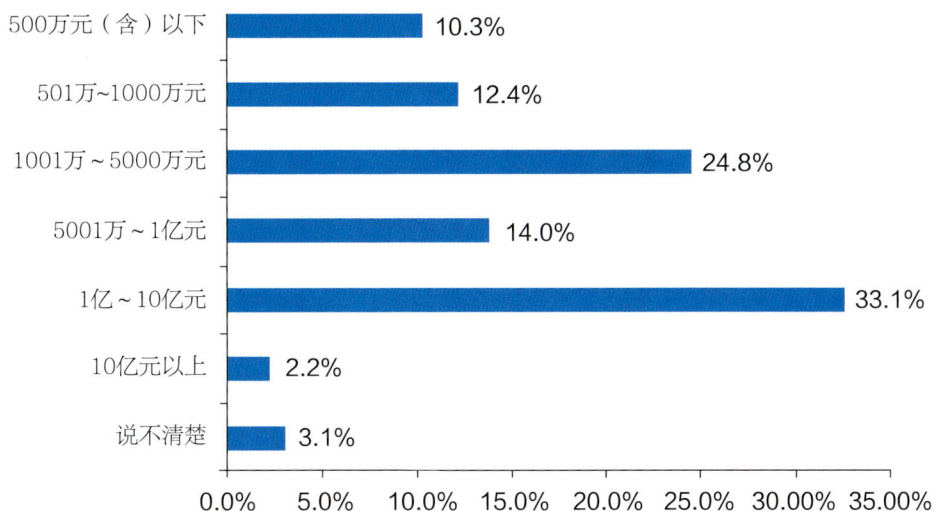

图2-8　被访企业规模分布（年度销售额）

·被访企业传承状况分布

被访企业中76%尚未经历传承过程，正在传承中的企业占20%，已经完成传承的企业只有4%（见图2-9）。

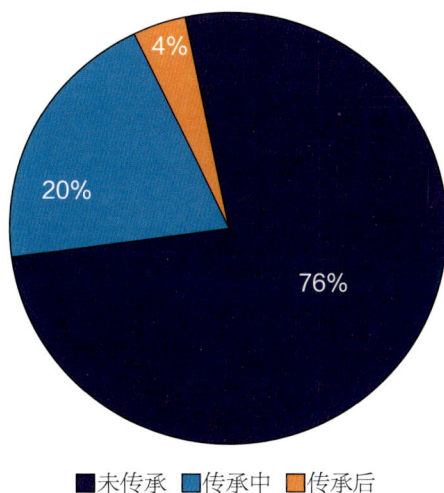

■未传承　■传承中　■传承后

图2-9　被访企业传承状况分布

第三章

中国家族企业
健康指标体系
HEALTHY INDEX SYSTEM

第一节 研究过程

　　"家族企业健康指数"研究的指标体系采用如下流程得到：首先通过案头研究，整理出初步的指标体系框架，然后通过德尔菲专家法确定指标体系框架和指标权重，最终形成了中国家族企业健康的指标体系（见图3-1）。

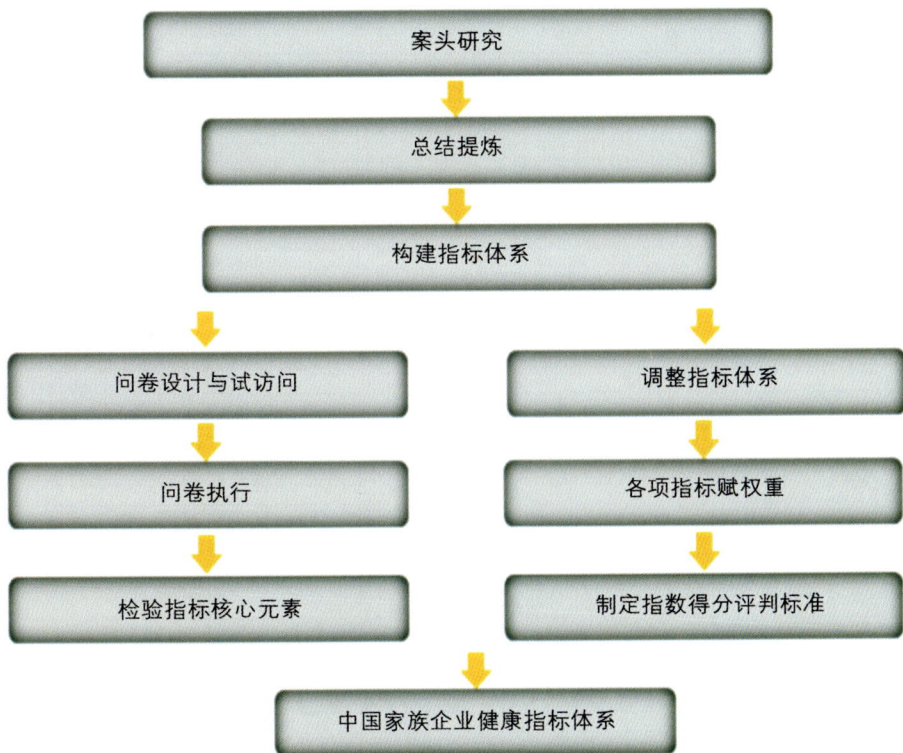

```
                        案头研究
                          ↓
                        总结提炼
                          ↓
                      构建指标体系
              ↓                       ↓
      问卷设计与试访问              调整指标体系
          ↓                           ↓
        问卷执行                   各项指标赋权重
          ↓                           ↓
      检验指标核心元素            制定指数得分评判标准
                          ↓
                  中国家族企业健康指标体系
```

图3-1　中国家族企业健康指数指标体系研究过程

第二节 指标体系

中国家族企业健康指数指标体系分为两个指标层级：一级指标包括家族企业精神、家族企业行为和家族企业环境；二级指标包括传承力、领导力、凝聚力、文化力、竞争力、责任力、适应力、服务力、包容力（见表3-1）。在延续了2013年家族企业健康指数研究的三个维度（精神、行为和环境）的划分基础上，2014年家族企业健康指数研究在每个维度的构成要素上重新进行了划分，尤其突出了其中家族层面的因素对于企业健康的影响。

表 3-1 中国家族企业健康指数指标体系

	一级指标	权重	二级指标	权重
中国家族企业健康指数指标体系	家族企业精神	35.57	传承力	38.57
			领导力	35.00
			凝聚力	26.43
	家族企业行为	39.86	文化力	25.67
			竞争力	57.19
			责任力	17.14
	家族企业环境	24.57	适应力	47.53
			服务力	33.27
			包容力	19.20

第三节 计算方法

中国家族企业健康指数得分等于各个一级指标的实际得分与相应权重乘积之和。各个一级指标的得分是通过相应二级指标得分与其权重乘积算出。同样，二级指标得分是通过相应的三级指标得分与其权重乘积算出，三级指标得分则通过相应的四级指标得分及其权重乘积算出。计算公式如下：

$$T = \sum_{k=1}^{x} \left[\sum_{j=1}^{n} \left(\sum_{i=1}^{m} C_i c_i \right) b_j \right] t_k$$

式中：T——中国家族企业健康力量总得分；

t_k——第k个二级指标（包括家族企业精神、家族企业行为、家族企业环境的元素）的得分对应的权重，$k=1, 2, \cdots, x$；

b_j——第j个三级指标（传承力、领导力、凝聚力等9个力量的元素）的得分对应的权重，$k=1, 2, \cdots, n$；

c_i——第i个四级指标（继承人特质、家族承诺、职业经理人培养意愿等元素）的得分对应的权重，$i=1, 2, \cdots, m$；

C_i——第i个四级指标（继承人特质、家族承诺、职业经理人培养意愿等元素）的得分，$i=1, 2, \cdots, m$。

本指标体系中的二、三级指标权重t_k和b_j是通过三轮专家德尔菲方法得出的，四级指标权重是通过计算每个指标的公共因子贡献度计算得出。

第四节　理论基础

本研究的家族企业健康概念是对家族企业与企业健康这两个概念的融合创造。企业健康是指企业在体现竞争力的制度、文化、绩效等方方面面的机能水平。在外部环境的框定下，企业家个人、企业主家族以及企业互相影响不断交互，共同构成影响家族企业健康的生态系统（如图3-2所示）。本研究采用家族影响力概念，认为家族企业是家族在股权、决策权和/或核心领导岗位等方面占据主导地位的民营企业。在家族企业中，家族对企业的经营和发展具有决定性的影响力。

维持家族企业健康生态系统的良好运转，需要家族、企业、所有权、环境、利益相关者五方面的良好互动与平衡。家族企业健康的"三环"——企业家、家族、企业——环环相扣，却又各自独立。在家族企业发展的过程中，不仅需要处理好这三环的关系，还需要依托于所处的外部环境，探寻适合家族企业自身的永续发展之路。由于家族企业根植于家庭，家族成员之间的关系以及家族所有者的价值观对企业发展都具有重大影响。如何进行家族治理，维持家族内部的和谐，传递家族持有的价值观，是家族企业这棵树能否枝叶长青的关键所在。

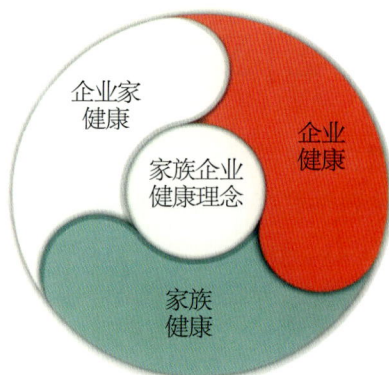

图3-2　家族企业健康理念

●●●1. 企业健康生态系统理论

在家族企业领域开山之作《如何保持家族企业的健康》(1987)中，作者John Watd提出了家族企业的健康这一概念，并且把它看作是家族企业长期发展的关键所在。他认为，保持家族企业的健康需要诸多方面未雨绸缪，维持企业的长期成长和获利能力。而且家族企业健康的特殊之处在于，除了需要关注企业的成长和获利之外，还需要维持家族对企业的领导。维持家族领导具体分为两个方面：一方面，企业需要能持续吸引家族成员的参与兴趣；另一方面，家族需要在企业的战略和发展中扮演好自己的角色。简而言之，健康的家族企业应该具有长期成长性，具备稳定的获利能力，且在稳定的家族领导之下，维持稳定的家族影响力和企业技能水平。

在上述企业健康内涵的基础上，本研究提出企业健康生态系统理论，以系统论的视角来看待企业健康的环境和发展，从三个维度和九个元素来描述企业健康状况，注重系统之间元素的互动和相互影响(见图3-3)。"三九"家族企业健康理论中的"三"指家族企业精神、家族企业行为和家族企业环境三个维度；"九"为包括传承力、领导力、凝聚力、文化力、竞争力、责任力、适应力、服务力、包容力的九个元素。

生态系统的概念是由英国生态学家坦斯利(A.G.Tansley, 1871—1955)在1935年提出来的，指在一定的空间和时间范围内，在各种生物之间以及生物群落与其无机环境之间，通过能量流动和物质循环而相互作用的一个统一整体。

借鉴生态系统的概念，"企业健康生态系统理论"创建了企业健康生态系统的两大原则：

(1)只有当企业家、企业、商业环境三者之间保持良好的互动和反馈，并充分发挥各自的功能，才能形成企业健康发展的生态系统；

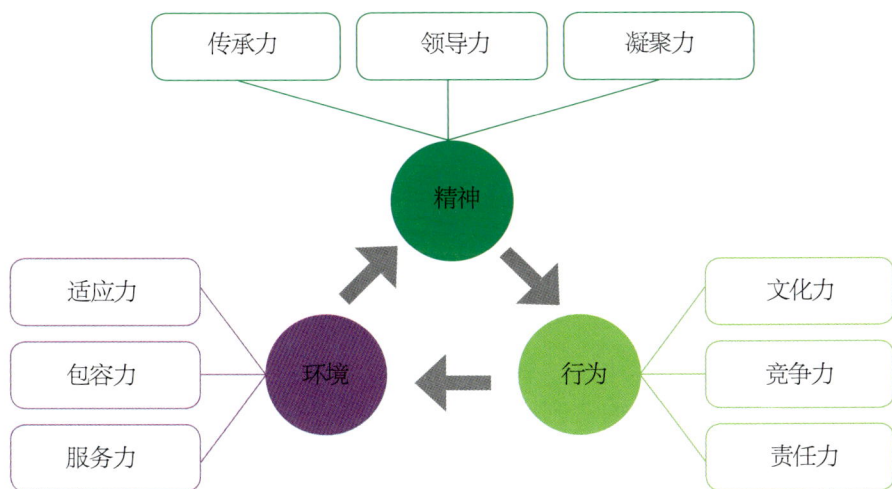

图 3-3   家族企业健康生态系统

（2）企业健康系统的运作来自系统内部九个元素之间的相互作用，而且在一定程度上这些因素可以作为改进家族企业健康措施的依据。

本次研究根据企业健康三个维度之间的关系，提出了企业三维互动理论公式：

$$B=f(E_1 \cdot E_2)$$

式中：B 指企业行为（Behavior）；E_1 指企业家精神（Entrepreneurship）；E_2 指商业环境（Environment）；f 指函数关系。

上述公式表明，企业行为是一个动态过程，企业家精神影响企业行为，有什么样的企业家就会有什么样的企业行为，它会在很大程度上影响企业行为的指向；企业行为同时受制于企业家精神和商业环境两个因素，企业家精神与环境因素的综合作用产生企业的行为；商业环境反作用于企业行为和企业家精神，即不同的企业对同样的环境条件会产生不同的反应，同一企业在不同的环境条件下也会产生不同的行为；只有三者的良好互动才能带来整体企业健康的状态。

2. 三环模式

三环模式指由企业、所有权和家族构成的三个独立又相互交叉的家族企业系统。这一概念最早由盖尔西克等在《家族企业的繁衍》一书中加以系统阐述，并利用三个环把它表现出来。家族企业里的任何个体，都能被放置在由子系统的相互交叉构成的7个区域中的某一位置（见图3-4）。

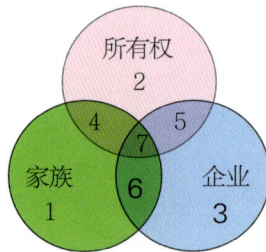

图3-4　家族企业的三环模式

　　同企业仅有一种联系的人应该在第1区域（家族成员）或第2区域（所有者）或第3区域（全部雇员）；是家族成员但非雇员的所有者处于第4区域，即所有权和家族的交叉部分；在企业工作但非家族成员的所有者在第5区域；家族成员在企业工作但非所有者的应在第6区域；既是家族成员又是雇员的所有者处于中心区域7。

　　三环模式具有严密的理论性和实用性。它明确了家族企业中个人或组织的职责以及权力的界限。在家族企业不同的生命周期中，三个维度亦会呈现出不同的发展特征。在企业的初级阶段，借助于家族或类家族（如同学、朋友）的资金、人力资本、关系网络等资源，创始人亲力亲为，既是所有者又是管理者，此时家族、企业和所有权三个系统高度重合。随着企业经过了高风险的创业阶段进入成长期后，"外脑"、非家族职业经理人、投资者开始参与到家族企业的经营和管理中来，所有权和管理权两个系统互相分离，但创始人还能通过关键的股权和/或管理权牢牢掌握控制权。到了企业的成熟阶段，应继续处理好集权与分权的关系。一方面，这个阶段的创始人或者后代接班人致力于掌握企业的前行方向，聚焦长远规划，企业的经营由专业化经理人团队负责；另一方面，则要防止整个组织产生权力"失控危机"。家族利益和企业利益的交织是企业获得持续竞争力的源泉，但家族企业的衰退和危机往往来自于家族系统，当企业在面临变化时，特别是在交接班过程中企业变得异常脆弱，家族矛盾和冲突成为制约企业生存的最大障碍。

●●●3. 利益相关者理论

　　利益相关者理论是一个以企业与社会价值观为中心的商务道德和组织管理理论。该理论认为，企业是其与各种利益相关者结成的一系列契约，是各种利益相关者协商交易的结果。无论是投资者、管理者、员工、顾客、供应商，还是政府部门、社区等都对企业进行了专用性投资并承担由此所带来的风险。因此，为了保护企业的持续发展，除了股东以外，企业也应当向其他利益相关者负责，在治理过程中要兼顾内部和外部有关权益主体的利益。这一理论最早是由罗伯特·爱德华·弗里曼（R. Edward Freeman）在1984年出版的《战略管理：一个以利益相关者为起点的方法》中详细阐述的。

根据此理论，家族企业的利益相关者包括三个方面：家族、企业和环境（见图3-5）。家族企业成长的第一核心要义是保持家族的和谐，并以此为基础，实现企业的可持续发展。而环境则是家族企业发展的重要外部因素。三环模式中的七种身份亦是家族企业的不同身份的利益相关者，同社区、环境等利益相关者一起，构成影响家族企业行为和发展的重要因素。

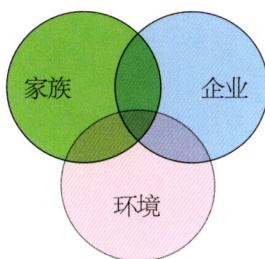

图3-5　家族企业的利益相关者

●●●●4. 家族企业树理论

家族企业树的概念由Sabine Klein与John Ward在其于2011年共同发表的《将家族保持在家族企业中》一文中提出。Klein和Ward认为，以树的结构来描绘一个家族企业，有助于指明家族企业所面临的生存挑战。该理论基于一个简单的法则——家族企业治理体系的复杂性必须与与其匹配的家族企业体系的复杂性一致，皆应该包含四个子体系，即家族、所有权、领导权和处于市场竞争中的企业（见图3-6）。

家族企业基业长青愿景的实现取决于家族企业能否得到良好的"营养"。对于

树叶=处于市场竞争中的企业

树枝＝领导权

树干＝所有权

树根＝家族

图3-6　家族企业树

家族企业这棵树而言,需要健康的根基为其提供一个基于共享价值观的远景。只有这样才能使树干具备稳定性,并且能够在强度和灵活性上提供给企业领导者必要的支持;也只有在满足了上述条件之后,家族企业才能够满足市场对其的要求,并且能够主动采取行动以塑造未来的市场。简而言之,树叶必须与其所处的环境相符合,否则这棵树将会过早死亡。该理论强调家族企业之根对于保持家族企业健康的重要性,即创始家族所留下的无形资产。依据家族企业树理论,一个健康的家族企业应该根植于全体家族成员共享的价值观和规则,这些价值观和规则对于家族企业的生存发展至关重要。如果共享的价值观和规则能够在家族成员中很好地传递下去,家族后代就可以继承前辈的无形资产,从而保持企业的核心竞争力。

第四章

2014非公经济
"两个健康"
研究部分相关发现

RELATED FINDINGS

第一节 　研究说明

改革开放以来，我国非公有制经济取得了快速发展，在促进经济增长、活跃市场经济、吸纳社会就业、推动技术创新、保持社会和谐稳定等方面发挥着越来越重要的作用，已经成为社会主义市场经济的重要组成部分和社会主义现代化建设的重要推动力量。非公有制经济人士等新的社会阶层也正在成为中国特色社会主义事业的重要建设者。

随着非公有制经济地位和作用的不断提升，促进非公有制经济健康发展和非公有制经济人士的健康成长就显得日益重要。为此，全国工商联研究室和浙江大学管理学院家族企业研究所合作组成了专家课题组，历时一年设计了"非公有制经济健康状况评价体系"。该项研究的主要目的是更好地服务工商联"两个健康"工作主题，并为全国非公有制经济的健康状况进行"把脉"。

本次抽样调查的范围涉及上海、广东、安徽、山西、新疆、贵州等十二个省（区市），共回收有效问卷1446份。以此样本数据为基础，课题组分别对企业家健康状况、企业家家族的健康状况、企业健康状况和外部环境健康状况进行了详细的分析，发现了非公有制经济健康发展中存在的一些问题，并提出了有关建议，以期对政府有关部门、行业协会、研究机构、非公有制企业的决策、政策制定等提供有益参考。

第二节 　指标体系

与中国家族企业健康指数指标体系类似，中国非公有制经济健康指数也力图从复杂的交互系统视角看待非公有制企业的行为。非公经济"两个健康"项目从企业家个人、企业主家族、民营企业以及所处环境四个维度来刻画非公有制经济的健康状况。

尽管非公经济"两个健康"项目的测量指标及其相应权重与家族企业健康指数项

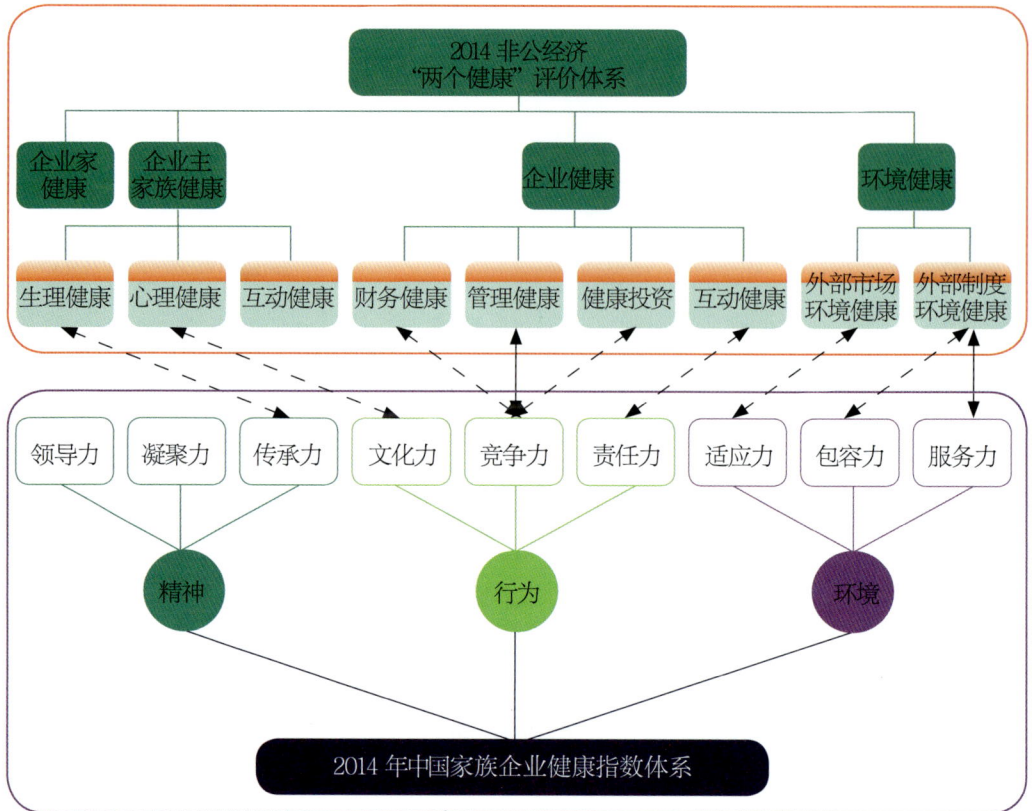

图4-1 非公经济"两个健康"指标体系 VS 家族企业健康指数指标体系

目的指标体系有所差异,但在企业主家族、企业行为与外部环境等三个维度上,两者存在高度的相关性和可比性,具体如图4-1所示。故本报告展示了非公有制经济"两个健康"研究的主要观点,以便比较家族企业与非公有制企业健康的异同之处。

第三节 相关发现

1. 企业家个人健康良好,但未来健康存隐患

　　非公有制经济"两个健康"课题从生理、心理、社会互动和未来健康投资四个方面评估企业家个人的健康状况。结果表明,企业家的健康状况基本达到良好水平,心理健康得分较高,其次为生理健康,但未来健康投资指标得分不及格。本研究进一

步发现，相比于其他年龄段的企业家，青年企业家（40岁以下）的生理健康状况更令人担忧；偏好集体决策的企业家、获得家族支持尤其是子女愿意接班的企业家心理健康状况更佳。而非公有制企业企业家未来健康投资得分较低，说明他们并没有养成有益的生活习惯，未来健康的可持续性存在隐患。

2. 企业主家族健康中等，但对传承规划不够重视

"两个健康"调研结果显示，企业主家族健康处于中等状态。企业主家族成员之间关系亲密，对外部环境也表现出较强的适应力，且大部分家族都有持续控制企业的意愿。然而，大部分企业主家族在处理重大事项上仍采取一言堂和夫妻商讨的决策模式，缺乏规范的家族治理机制。不过，随着家庭决策方式由个人决策向集体决策转变，家族凝聚力和适应力得分会相应提高。另外，被调查的大部分企业缺乏明晰的传承规划，其中30.9%的企业完全没有考虑交接班问题，30%仅仅有过简单的考虑。

3. 财务健康一般，公司治理机制欠缺

非公有制企业整体赢利能力较差，近一半的企业处于亏损状态，并且对财务计划不够重视。上述状况的出现一方面是因为企业受到了全球经济危机的影响；另一方面，从企业内部而言，目前我国非公有制经济的生存状态仍不容乐观。在被调研的企业中，虽然有三分之二的企业设立了董事会，但一半企业的重大决策仍然继续由企业主个人决定，而不是由董事会投票决定。此外，董事会召开的次数极少，40%设立了董事会的企业，2013年仅仅召开了小于等于两次的董事会。

4. 创业创新中等活跃，创新战略稍显保守

调研显示，有近40%的非公有制企业开展了研发投资活动，研发投资的力度已经达到"十二五"科技规划的目标，且开展产品研发、工艺研发的企业比例较为均衡。而且，非公有制企业重视长期的研发投资，投资回报周期在3年及以上的投资比例达到75%，回报周期在2年以内的比例只有15%。但是，企业的创新战略却稍显保守，对风险较高的探索式创新重视程度显著低于利用式创新。

●●●5. 社会责任履行优良，企业与社会良性互动

调研显示，非公有制企业整体上社会责任履行较好。2013年，接近90%的非公有制企业进行了慈善捐赠，顾客责任方面的得分更达到优秀水平。然而，与总体得分相比，被调查企业在环保参与方面的得分最低，但仍处于良好水平。进一步而言，规模较大的企业，股东会、董事会及监事会"三会"健全的企业，以及企业主学历较高的企业，社会责任履行情况更优。而且，若企业主对子女接班有信心，则企业在慈善捐赠和环保参与方面的表现，明显优于对子女接班没有信心的企业。

●●●6. 环境健康不容乐观，人力资源环境是短板

非公有制企业对外部环境的评价总体偏低，其中人力资源环境成为制约民营经济发展的短板，企业对高素质管理人才的渴求和期望越来越强烈。作为企业能力的核心，人力资本的素质如何尽快提升，是摆在全社会面前的重大课题。如果民营企业的人力资源瓶颈无法突破，那么总体环境健康改善对企业能力提升的效果也会打折扣。其次，环境健康的区域差异较为明显，出现了一定的洼地现象。

第五章

中国家族企业
健康现状分析

HEALTHY STATUS ANALYSIS

第一节　2014中国家族企业健康总体分析

●●●1. 中国家族企业健康水平处于中级阶段

2014年家族企业健康指数研究沿用了2013年研究中对家族企业健康发展的三阶段划分，即60分以下为初级阶段；60~80分为中级阶段；80分以上为高级阶段。根据企业健康生态系统理论的企业三维互动理论公式，每个阶段的特征如下：

◎　**初级阶段**　总体三个维度的得分较低，家族企业精神、家族企业行为和家族企业环境三个维度中某单项表现突出，且与其他两个维度相差较大。

◎　**中级阶段**　三个维度的评分比初级阶段高，某两个维度表现较好，各个维度之间的差距小于初级阶段。

◎　**高级阶段**　三个维度的评分普遍较高，三个维度形成良好的互动和反馈，形成良性发展生态。

本研究得出，2014年中国家族企业健康指数总得分为71.87分。按照上述三个阶段划分标准，整体健康状况处于中级水平。

●●●2. 中国家族企业健康指数三维分析

家族企业健康指数指标体系从三个维度来考察家族企业的整体健康状况，分别是家族企业精神、家族企业行为和家族企业环境。从各个维度的得分情况来看，2014年中国家族企业精神维度得分最高，为73.07分。家族企业行为维度得分最低，为71.04分。家族企业环境维度得分居中，为71.48分（见图5-1）。下面对三个维度的得分情况进行具体分析。

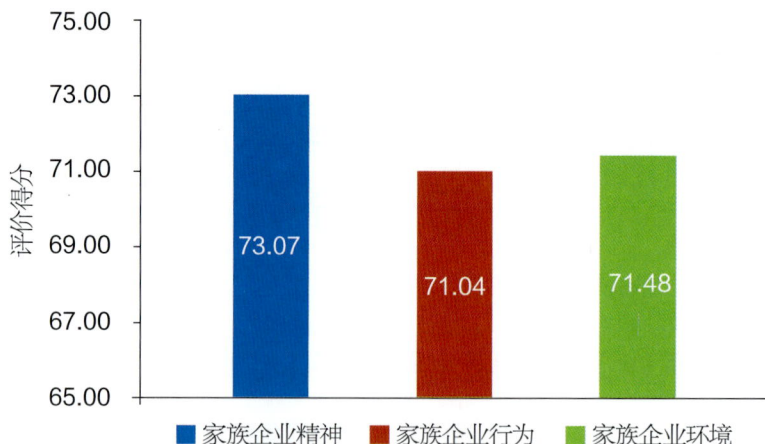

图5-1　中国家族企业健康指数三个维度得分

（1）中国家族企业精神是核心竞争力

企业精神是现代意识与企业个性相结合的一种群体意识，是企业员工所具有的共同内心态度、思想境界和理想追求。企业精神是企业之魂，是企业在长期的生产经营实践中自觉形成的，是受到全体员工认同并信守的理想目标、价值追求和行动准则。企业精神一旦形成，就会产生巨大的无形力量，对企业成员的思想和行为起到潜移默化的影响。对于大多数仍处于一代创始人掌控下的中国家族企业而言，创始人的领导风格和经营理念直接塑造了企业的经营哲学，并随着企业的发展固化成一套约定俗成的行事原则和方式，构成了企业精神的重要组成部分。

在家族企业中，创始人以其鲜明的个性、处事方式造就了家族的共有价值观和组织规则，并随着家族成员涉入企业的经营管理而渗透到企业中，最终成为企业的共有价值观。因此，在家族企业中，家族精神与企业精神是高度重合的。创始家族要持续保持对企业的影响力，必须保障企业精神在领导权的代际更替中保持延续性和发展性。这一方面要求企业精神在家族内的延续，即家族的年轻一代在接班过程中认同并延续上一代塑造的、已受到员工认可的管理方式、领导风格和经营理念；另一方面，企业精神要在企业内延续下去，即新一代的领导风格和行为方式受到员工识别并认可，从而继续发挥凝聚人心的力量。因此，本研究从家族传承、家族领导和企业凝聚力三个方面来考察家族企业精神。结果表明，家族企业精神在三大维度中得分最高，达到73.07分。

（2）中国家族企业行为亟须转变

家族企业的行为是企业精神与外部环境互动之下的结果，从不同的子系统来看,其包括家族的行为和企业的行为。家族的行为包括家族内部的沟通与关系氛围、家族成员对企业的承诺以及持续控制企业的意愿。家族行为直接影响家族涉入企业的程度,进而对企业的组织架构、治理机制造成影响。企业的行为主要体现在赢利、创新、战略和承担社会责任等方面,是企业不断适应外部环境,获取合法性和持续竞争力的过程。

在构成中国家族企业健康的三个维度中,家族企业行为得分最低,仅为71.04分。其中家族企业在赢利能力、创新能力等战略行为上仍有较大的提升空间。我们相信,随着家族企业外部环境的改善,家族企业领导者的决策重心将由寻求合法性转为追求市场竞争力。

（3）中国家族企业环境有所改善

一个国家和地区的商业环境对本国、本地区的经济发展和企业绩效具有十分重要的影响,尤其是在市场机制不够完善、政府仍掌握大量资源配置权的新兴市场。在全球经济缓慢复苏和国内GDP增速放缓的情况下,中国家族企业面临严峻的环境挑战。

本研究从两个方面考察家族企业面临的外部环境:一方面是企业对外部环境变化的感知和应对;另一方面则是外部环境对企业的理解与支持。研究结果表明,家族企业环境得分有较大改善,为71.48分。进一步发现,家族企业领导人对政策调整和市场动向十分敏感,往往能较为及时地应对。此外,在访谈中,部分企业家表示,随着促进非公经济发展的各项政策法规的颁布,政府、银行等机构对民营企业的扶持力度不断加大,家族企业不再被视为负面的标签,这使得家族企业的领导人深受鼓舞,对未来充满信心。

●●●3. 中国家族企业健康指数"九力"分析

2014年中国家族企业健康指数研究对前两年的"九力"指标体系进行了较大幅度的调整,选用了新的测量指标和命名方式。从整体得分情况来看,家族企业在凝聚力、责任力和适应力上表现较好,而在竞争力和服务力上有待提升(见图5-2)。这既表明我国的政府、金融机构等对家族企业的支持和包容力度还有待提高,家族企业需要更多的合法性和资源来扭转对其"落后、腐败、任人唯亲"的刻板印象;也说明外部环境的不友好已经引起家族企业领导者的充分重视。他们通过员工培训、环境保护和慈善捐赠等方式积极承担社会责任,树立积极的社会形象,从而获取外部的理解和支持。

而在企业内部,家族企业的总体竞争力得分差强人意。这一方面与外部经济环境的疲软有关；另一方面也是由于家族企业正面临着传承、创新、转型升级等多重挑战所造成。下面，本研究分维度对"九力"的健康现状进行具体分析。

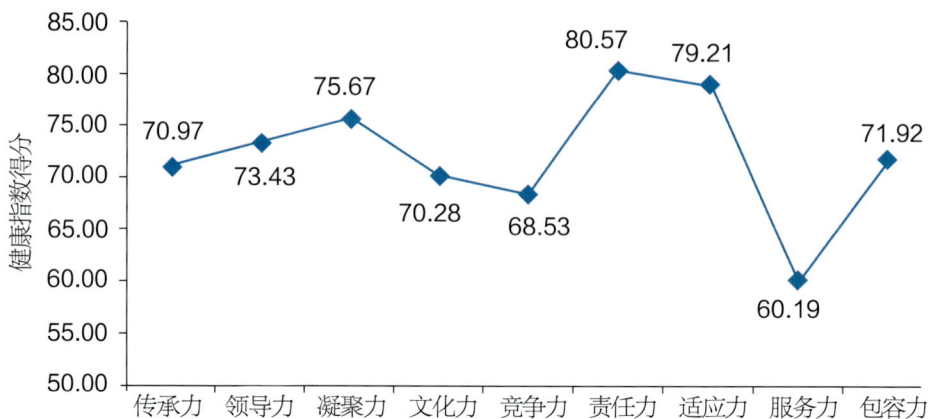

图5-2　2014年中国家族企业健康指数"九力"得分

第二节　家族企业精神维度现状分析

●●●1. 家族企业传承力

　　传承力测评关注的是对于家族企业延续性有着重要影响的传承问题，主要内容包括继任者的特质、家族对企业的承诺、系统的传承规划三方面。继任者的特质是指目前家族企业的继任者或潜在继任者在与家族成员相处时的能力、个人特质、目前涉入家族企业的程度三个方面的表现。继任者作为家族企业传承的主体之一，其素质和能力直接影响着家族企业传承能否取得成功。家族对企业的承诺是指家族成员对于家族企业是否尽职或认同。系统的传承规划是保证家族企业顺利开始并完成传承的内部制度保证，包括明确接班人选择和培养计划、接班期间对企业战略的规划等。

　　对问卷数据的分析表明，中国家族企业的传承力得分是70.97分。在传承力的三个方面中，中国家族企业的继任者表现出较好的特质，得分接近80分。但是家族企业在传承规划上的得分仅为61.82分，远低于其他两方面，从而拉低了传承力的总体得分（见图5-3）。

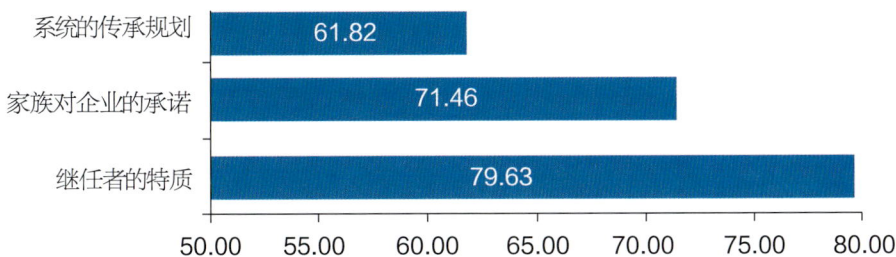

图5-3　家族企业传承力三个方面的得分

本研究按照家族企业主或职业经理人是否认同自身所在企业是家族企业将被访家族企业分为两组，对其在传承力三个方面的得分作了比较（见图5-4）。数据分析表明，具有自我认同的家族企业，家族成员对于家族企业有着更高的承诺。然而，无论该家族企业是否认同自身是家族企业，在制定系统的传承规划和继任者的特质这两方面并没有显著差异。

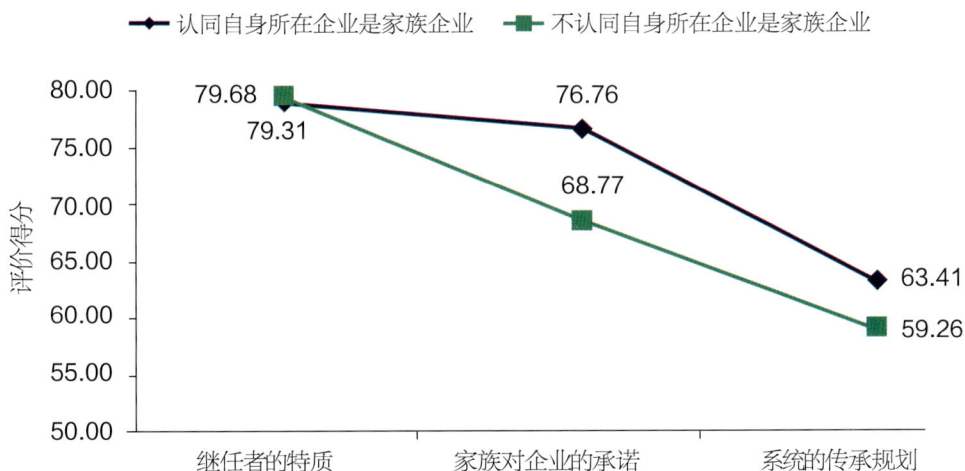

图5-4　不同自我认同的家族企业在传承力三个方面的得分比较

（1）继任者的特质：正直、自信、智慧，但与控股家族成员的相处能力有待改善

家族企业继任者的特质包括继任者与家族成员相处的能力、个人特质、目前涉入家族企业的程度三个方面。如图5-5所示，目前继任者涉入家族企业的程度和个人特质这两方面的得分均高于继任者特质总体得分79.63分。与此同时，与家族成员相处

的能力(78.00分)则成了继任者的短板。

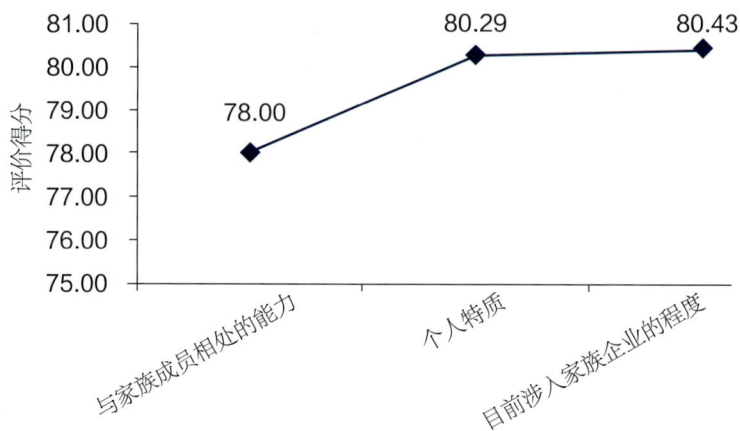

图5-5 继任者的特质分项得分

数据分析表明,继任者个人特质总体得分较高,为80.29分。得分较高的单项指标有智慧、受人尊重、自信、对企业的承诺和正直五项。与此同时,创造力、受企业内家族成员的尊重、与控股家族成员相处的能力、被控股家族成员所信任、决策能力与经验这五项则成了继任者的短板(见图5-6)。本研究认为,目前中国家族企业的

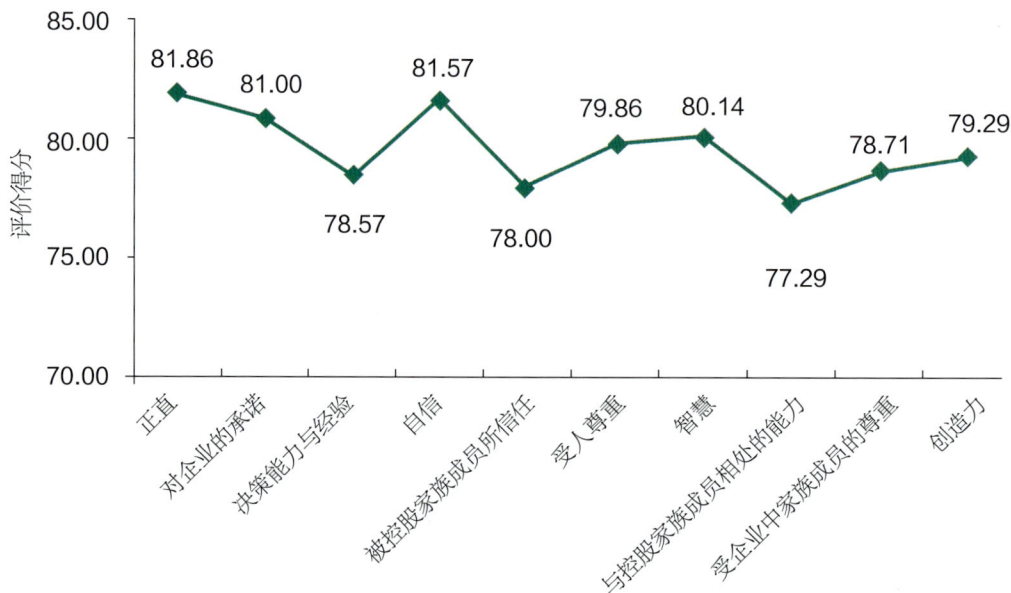

图5-6 家族继任者个人特质分项得分

继任者在成长过程中,大多有机会接受系统的良好教育,因此正直、自信而有智慧。但同时也因为年轻,存在着决策能力和经验不足的缺陷。

在继任者涉入家族企业的程度方面,由于继任者在成长过程中受上一代家族成员潜移默化的影响,自然而然地对家族企业有着很高的承诺。同时,凭借着良好的教育和正直、自信的个人特质,大部分继任者以良好的形象获得了家族企业员工以及企业外其他人的尊重。

值得注意的是,由于控股家族成员和继任者之间同时存在亲情和工作关系,两者之间的关系较为复杂,导致继任者与控股家族成员之间相处的能力并不是很好,控股家族成员也不十分信任继任者,这可能会给未来将要发生的传承带来不小的麻烦。

本研究发现,在企业有无系统传承规划的情况下,继任者特质三方面得分存在差异(见图5-7)。在制定了系统传承规划的家族企业中,继任者的个人特质、与家族成员相处的能力、涉入家族企业的程度均显著高于无系统传承规划的家族企业。

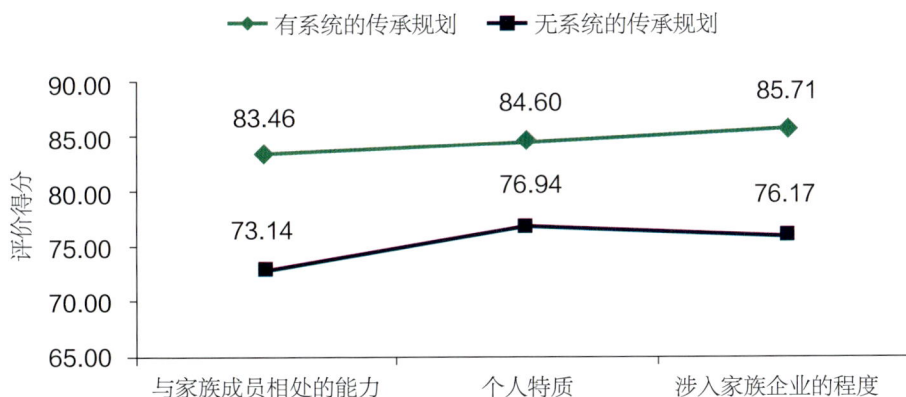

图5-7　继任者特质分组比较

(2)家族对企业的承诺:对企业认同感高,家族控制和传承不局限于现任者子女

家族对企业的承诺可以从家族控制的意愿、家族成员对企业的承诺以及接班的能力和意愿三个方面来描述,得分情况见图5-8。

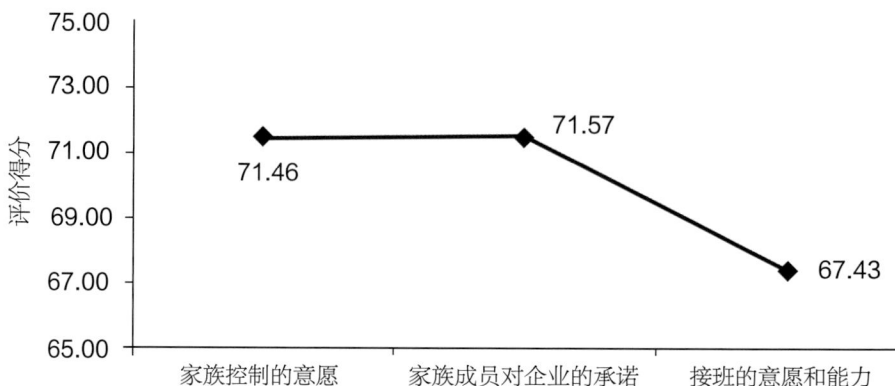

图5-8　家族对企业的承诺分项得分

　　本研究进一步分析了家族对企业承诺的详细得分情况（见图5-9）。首先，家族成员对企业的承诺是三个方面中得分最高的，说明有许多在家族企业中工作的家族成员能够对企业恪尽职守，而其他家族成员虽然不在企业工作，但对于家族企业依然有着高度的认同感。

　　其次，在家族控制意愿方面，虽然许多家族企业主非常希望家族能够持续控制企业，但有将近40%家族企业的企业主认为，即使下一代都不愿意到自家企业工作，他们也可以表示理解。相应的，他们对于自己的子女加入家族企业也并没有十分强烈的愿望。这一方面是因为企业主大多注重培养子女的创业精神，鼓励自己的子女选择感兴趣的行业创业，而不一定直接进入家族企业工作；另一方面，很多企业主认为，也不是只能自己子女接班。为了企业的长远发展，其他有能力的家族成员也可以接班，这样家族还是能够持续控制企业。

　　最后，在接班的意愿和能力方面，各项指标普遍得分较低。接班人并没有非常希望接手公司，对于接手后打理公司也显得信心不足。相应的，企业主对于接班人的信任程度也不高。

　　此外，数据分析表明，虽然家族企业主希望有两个及以上的潜在继任者人选，但在目前的计划生育政策下，很多继任者都是独生子女，企业主也相应放宽了对继任者性别的要求。计划生育使得继任者人选减少，很多企业主尚没有确定值得信任的家族接班人。

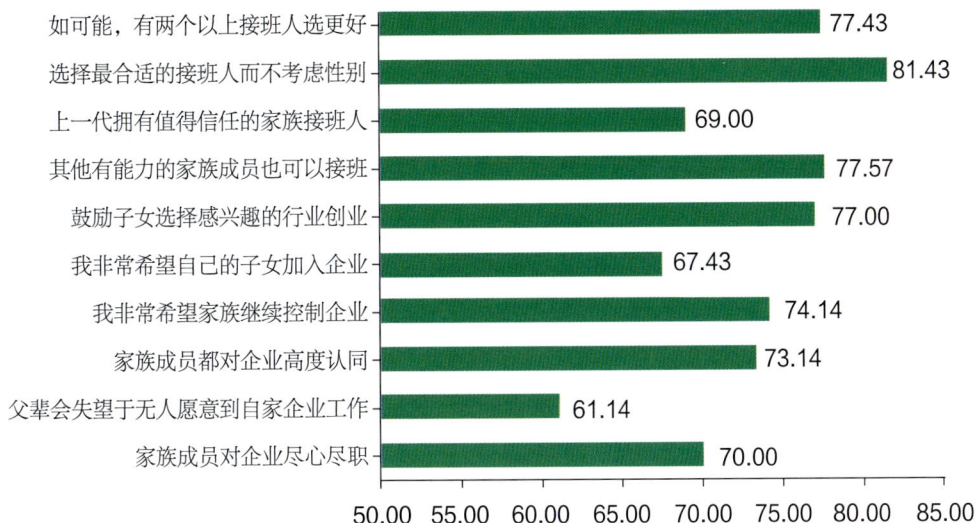

图5-9 家族对企业的承诺详细得分

本研究也比较了在是否认同自身的家族企业身份时,家族对企业的承诺得分的差异情况(见图5-10)。数据分析发现,当家族企业认可自身是家族企业时,家族对于企业的控制意愿和家族成员对企业的承诺都要明显高于那些不认为自身是家族企业的企业。而不论是否认同自身是家族企业,家族企业的接班意愿和能力普遍较低。

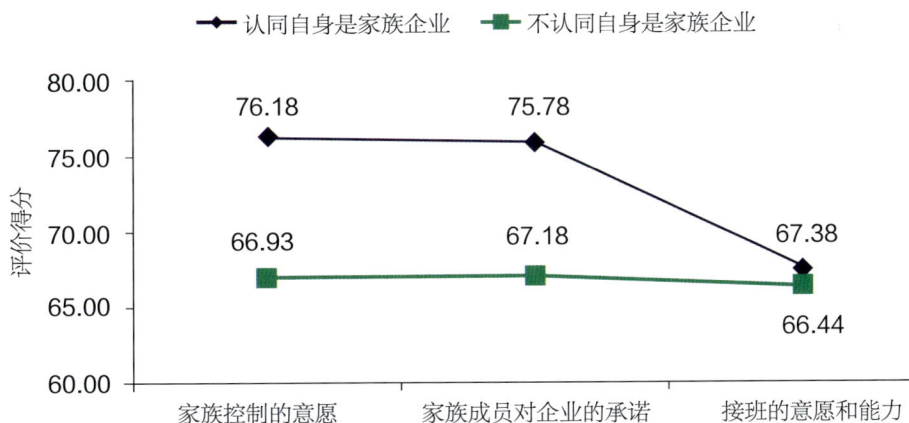

图5-10 家族对企业的承诺分组比较

(3)传承规划:缺少系统的传承规划

传承力的三个方面中,传承规划的总体得分是61.82分,显著低于其他两个方面。这说明许多面临传承问题或者已经步入传承过程中的家族企业至今尚没有制定明确、系统的接班人选择计划和培养计划。甚至一部分已经完成了传承的家族企业在传承时也没有制定过这类计划，可以说是凭着感觉和经验摸索着进行交班的。这不能不令人对家族企业的传承过程产生深深的忧虑。

从图5-11中可以看到，在传承规划的四个方面中，得分最高的是继任者的选择和培训。这说明许多正在传承中的家族企业虽然没有完整系统的传承规划，但还是会有意识地进行一些必要的传承准备工作，如帮助接班人进行心理角色转换和适应公司环境、使大股东和员工认可和熟悉接班人，但这些都是分散进行的，并不全面。

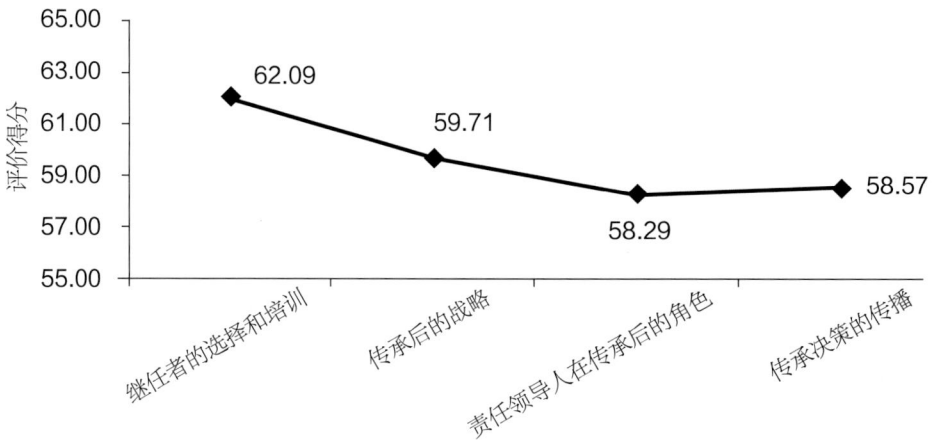

图5-11　传承规划分项得分

正因为企业主自己也对接班人选择和培养没有明确的计划，一切都很模糊，所以企业员工对传承决策的知晓程度得分只有58.57分。也就是说，不论是在家族企业工作的家族成员还是家族企业核心员工中的非家族成员，他们在接班人的人选这个问题上没有多少发言权。除了接班前的准备工作以外，家族企业对于传承后企业的战略、现任领导人的角色和责任及其退休金项目，也规划不足。

目前，有许多家族企业虽然表面上完成了传承，将企业的领导权交给了接班人，但上一代领导人对家族企业的重大决策和事务依然保持着控制权，不肯放手。这种情况的出现从侧面印证了制定现任领导人退休后安排规划的重要性。

虽然家族企业整体对于系统传承规划的制定并不是十分重视，但比较是否认同自身是家族企业的两类企业，它们在传承规划的得分上存在差异。当家族企业认同自身是家族企业时，更重视制定明确和系统的接班人培养计划，并及早酝酿潜在接班人名单，从而在制定系统的传承规划上做得更好，尤其是在传承前的计划方面。在传承计划的其余三个方面，两类家族企业的表现并无显著差异（见图5-12）。

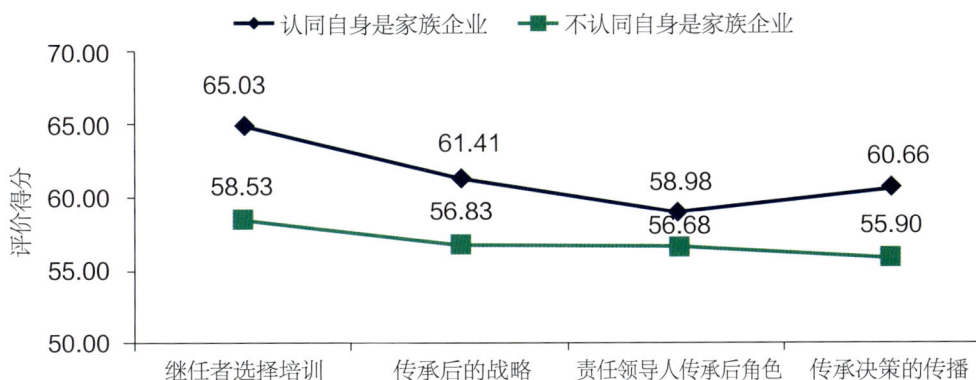

图5-12　家族企业传承规划分组比较

●●●2. 家族企业领导力

本研究从领导者特质、领导风格以及对职业经理人培养三个方面考察了家族企业的领导力。分析发现，领导力总体平均得分为73.43分。其中，领导人特质总体得分为70.86分，仍不够理想；领导者的变革型领导风格总体得分为76.49分，处于良好状态；而对职业经理人培养方面则表现居中，总体得分为72.95分。

（1）领导者特质分析

在变革、前瞻等六项领导者特质中，执着得分最高，为78.00分；而冒险表现最差，仅为66.29分。另外，变革得分也较差，为68.43分。这说明我国家族企业领导者普遍倾向于安稳、保守的经营，创业精神不足（见图5-13）。

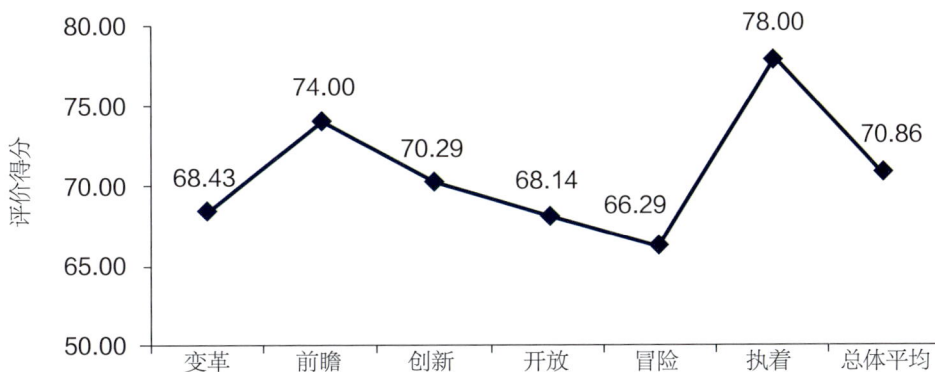

图5-13　领导人特质分项得分

　　本研究比较了不同绩效水平的企业领导者的特质差异。首先，用企业过去三年的销售增长率、利润水平、投资收益率、市场占有率以及行业竞争地位来衡量经济绩效。研究发现，经济绩效好的企业，领导者特质得分明显高于绩效一般和绩效差的企业（见图5-14）。

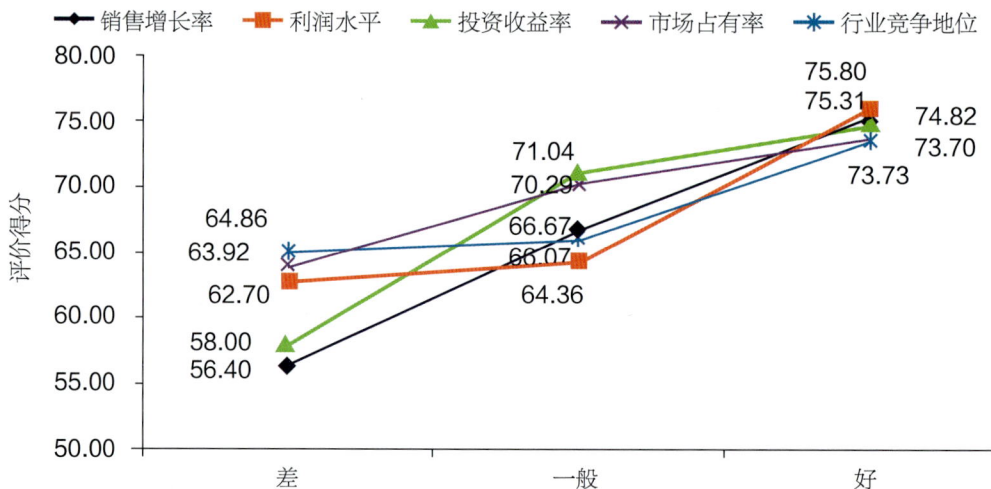

图5-14　不同经济绩效水平的企业领导者特质得分比较

　　其次，用企业过去三年的社会形象、客户满意度、员工稳定性衡量企业的非经济绩效，主要考察企业与社会的互动情况。与经济绩效类似，非经济绩效表现越好的企业，领导者特质得分越高（见图5-15）。

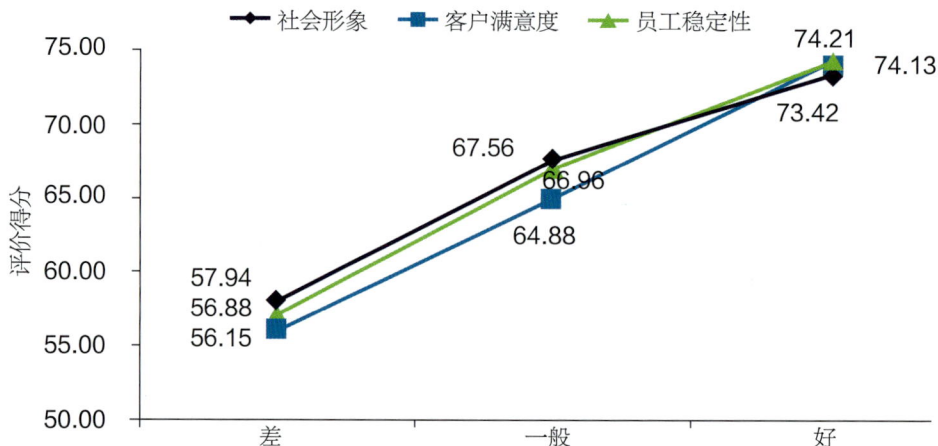

图5-15　不同非经济绩效的企业领导者特质得分比较

（2）领导风格分析

本研究主要考察了家族企业中的变革型领导风格。数据分析表明，家族企业的变革型领导风格总体平均得分是76.49分，处于良好状态。四个维度中，领导魅力得分最高，为78.96分；而个性化关怀得分最低，为72.49分（见图5-16）。

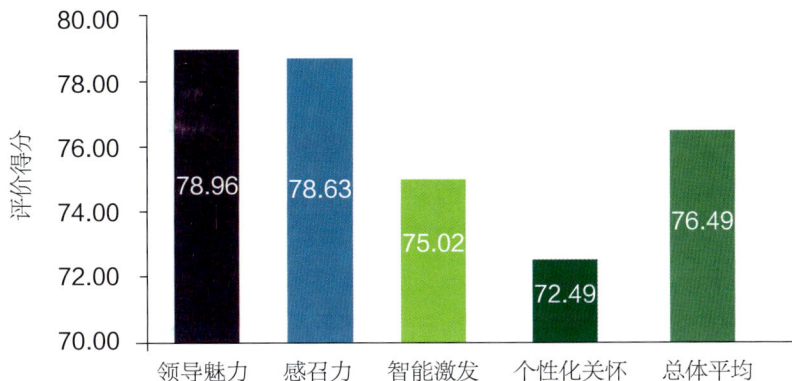

图5-16　领导人变革型领导风格分项得分

本研究进一步发现，达到"工作—家庭"平衡的领导者，其变革型领导风格的各个维度得分明显高于不平衡者。这说明，良好的家庭关系是工作的重要基础，有利于领导者工作的正常开展（见图5-17）。

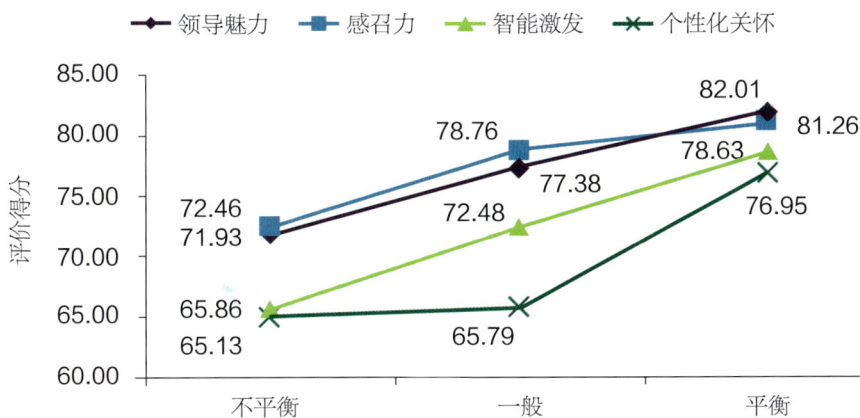

图5-17　不同"工作—家庭"平衡状况的领导风格得分比较

　　另外，本研究也比较了不同绩效水平的企业中变革型领导风格的得分差异。与领导特质类似，无论是经济绩效还是非经济绩效，绩效水平越高的企业，变革型领导风格总体和各个维度的得分也越高。由于篇幅所限，这里不再作图。

（3）职业经理人培养状况分析

　　本研究从授权、信任、公平等六个方面考察领导者对职业经理人的培养情况（见图5-18）。研究发现，职业经理人培养总体得分为72.95分。这说明大部分家族企业领导者能够为职业经理人创造一个公平的工作环境，给予相应的授权和信任，提供合理的待遇，并从长远考虑职业经理人的职业发展。但是，在职业经理人的股权激励方面，表现得不尽如人意，得分仅为63.38分，这是拉低职业经理人培养总体得分的主要因素。

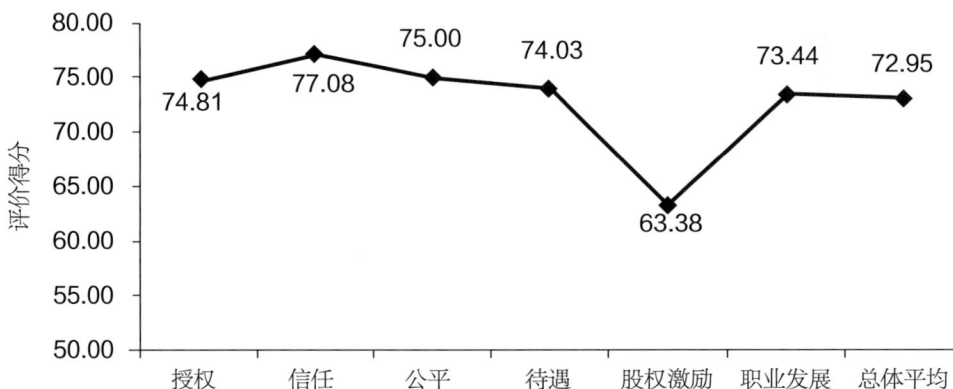

图5-18　职业经理人培养分项得分

　　本研究进一步比较了不同角色的被访者对职业经理人培养状况的认知（见图5-19）。分析发现，当被访对象是创始人时，其感知的对职业经理人培养得分最高；当被访对象是非家族管理人员时，其感知的职业经理人培养状况得分最低。

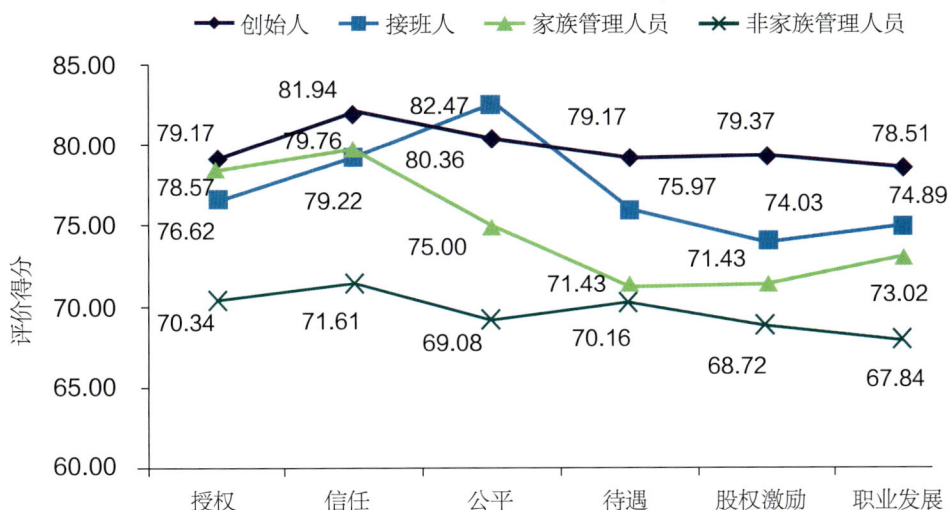

图5-19 不同角色被访者对职业经理人培养状况的认知比较

●●●3. 家族企业凝聚力

本研究从现任领导人与继任者的关系以及职业经理人对企业的认同两个方面考察了家族企业的凝聚力健康状况。总体而言，凝聚力得分为75.67分。其中，领导人与继任者的关系得分为74.38分，职业经理人对企业认同感得分为76.95分。这说明，凝聚力总体上处于良好水平。

（1）领导人与继任者的关系状况

数据分析表明，领导人和继任者的良好的关系主要体现在"允许接班人犯错和在错误中成长"、"接班人与现任领导人关系"以及"接班人切实了解现任领导人已有成就"三个方面。而在解决分歧、沟通等方面则表现稍差，仍存在改进的空间（见图5-20）。

本研究进一步发现，领导人与继任者的关系受到接班人的接班能力和意愿的影响。如果接班人愿意接手公司，并且有能力和信心打理好公司，那么领导人和继任者的关系会更加健康。反之，则健康状况降低（见图5-21）。

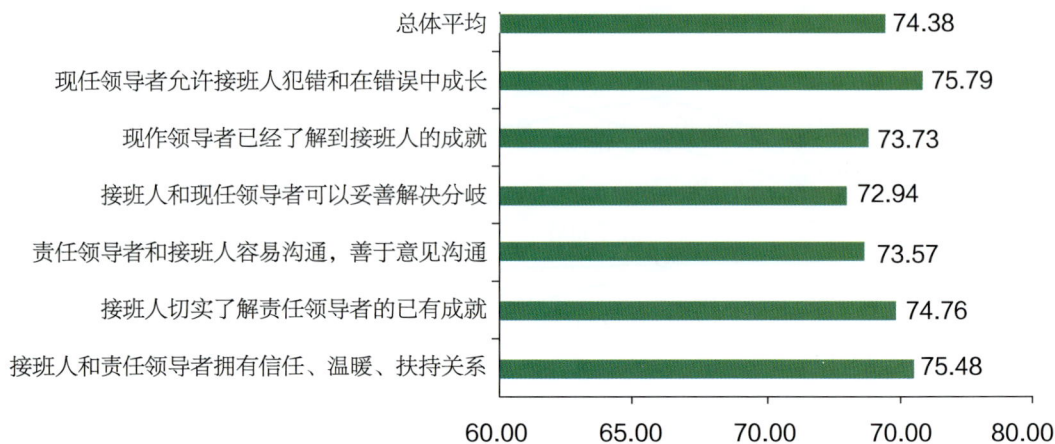

图 5-20　领导人与继任者关系状况

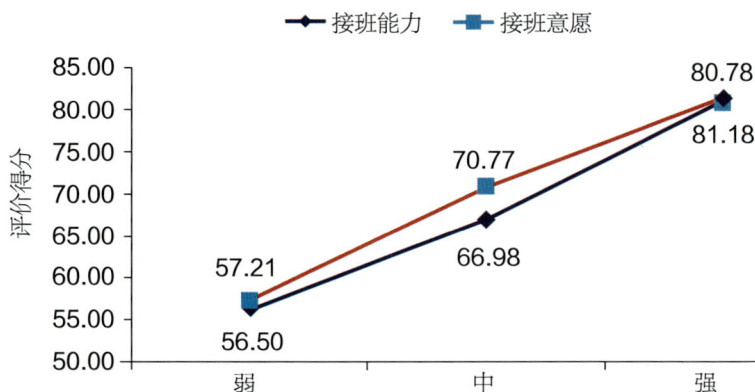

图 5-21　不同接班能力和意愿的企业中领导人与继任者关系差异

随后，本研究比较了在是否认同自身家族企业身份时，领导者与继任者关系的得分差异（见图5-22）。数据分析表明，在"接班人与现任领导人关系"与"接班人切实了解现任领导人已有成就"两个方面，认同自身家族企业身份的企业，得分明显高于不认同自身身份的企业，而在其他四个方面则差异不明显。但总体而言，认同所在企业是家族企业的分组在总体及各个题目的得分都高于不认同所在企业是家族企业的分组。

■ 不认同所在企业是家族企业 ■ 认同所在企业是家族企业

项目	不认同	认同
总体平均	72.00	76.86
现任领导者允许接班人犯错和在错误中成长	74.00	77.00
现作领导者已经了解到接班人的成就	72.57	75.29
接班人和现任领导者可以妥善解决分歧	71.29	74.86
责任领导者和接班人容易沟通，善于意见沟通	71.43	75.71
接班人切实了解责任领导者的已有成就	71.43	78.71
接班人和责任领导者拥有信任、温暖、扶持关系	71.57	79.71

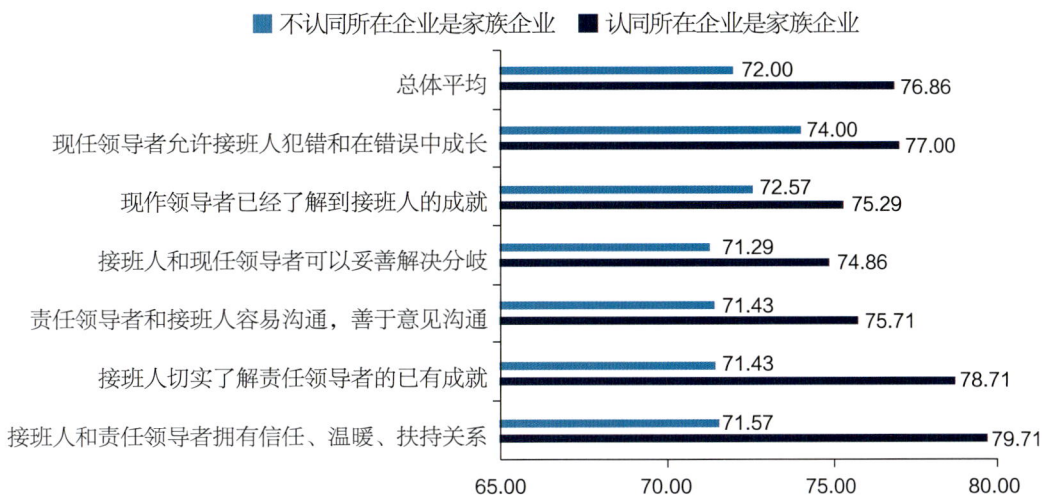

图 5-22 领导者与继任者关系得分分组比较

最后，本研究比较了不同绩效状况企业中领导者与继任者的关系（图5-23）。数据分析表明，在企业过去三年利润水平、投资收益率、市场占有率、行业竞争地位以及社会形象五项绩效指标中，绩效好的企业，领导者与继任者关系得分明显高于绩效差的企业。

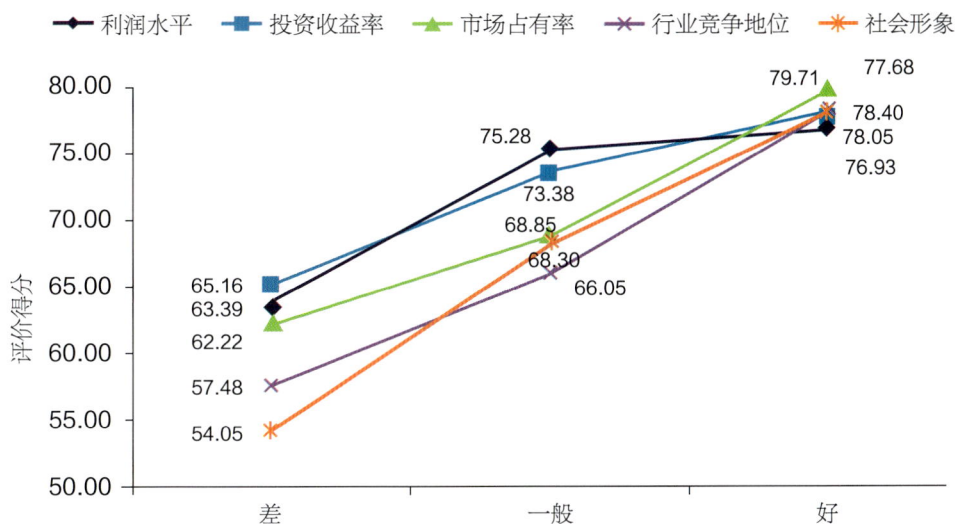

◆ 利润水平 ■ 投资收益率 ▲ 市场占有率 ✕ 行业竞争地位 ✱ 社会形象

图 5-23 不同绩效状况的企业领导者与继任者关系得分差异

（2）职业经理人对企业的认同状况

本研究通过职业经理人问卷中"在企业有长期工作的愿景"、"与领导家族关系融洽"等4个题项具体考察职业经理人对企业的认同状况。数据分析表明，职业经理人对企业普遍具有长期工作意愿和较高的认同感，分别为79.14分和78.76分；而在"与领导家族的关系"、"扶持接班人"两方面表现稍差（见图5-24）。

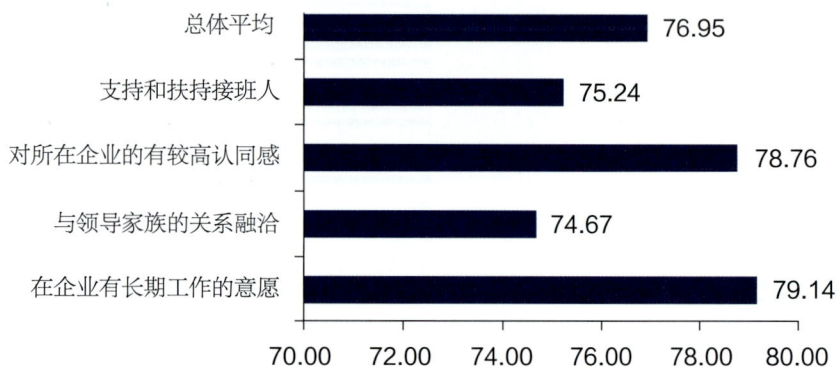

图5-24　职业经理人对企业认同状况

本研究随后考察了在治理规范化程度不同时职业经理人认同的得分差异（见图5-25）。研究发现，在董事会、监事会、股东会"三会"健全的企业，职业经理人对企业的认同感总体得分（83.70分）明显高于"三会"不健全的企业（73.55分）。进一步

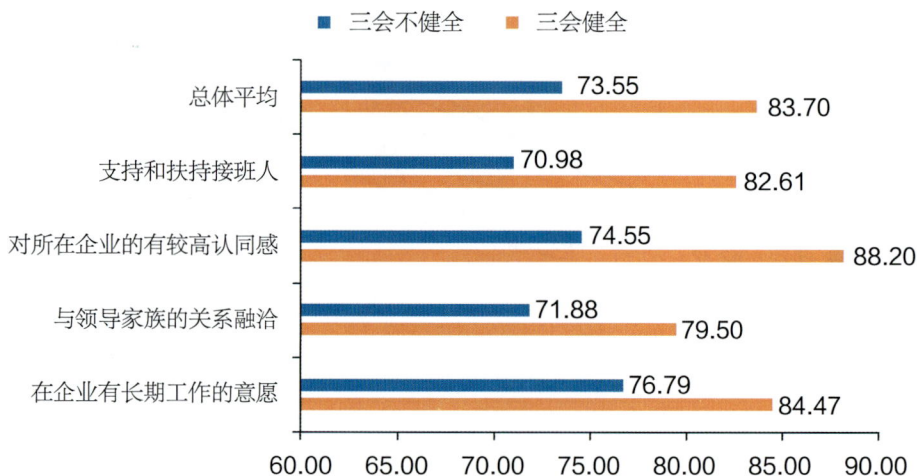

图5-25　不同公司治理规范化程度的职业经理人认同感差异

分析表明，这种差异主要体现在"支持和扶持接班人"以及"对企业有较高认同感"这两个方面，其他两项则得分差异不明显。

另外，本研究也比较了不同绩效状况企业中的职业经理人认同状况。与前文类似，无论是根据经济绩效的五个指标还是非经济绩效的三个指标，绩效水平越高，职业经理人对企业的认同感越强。但由于篇幅所限，这里不再说明。

第三节　家族企业行为维度现状分析

1. 家族企业文化力

文化力测评关注家族内部的和谐稳定以及与外部环境的互动发展，主要包括家族凝聚力、家族适应力和家族治理三个方面。家族凝聚力指的是民营企业主家族内部关系的团结稳定程度；家族适应力反映婚姻或家族系统通过改变自身的权力结构、角色关系和关系规则来适应环境发展的变化和压力的能力；家族治理通过股权分配、议事规则、决策机制和财富管理等方面来刻画企业主家族在家族事务处理上的规范性程度。

通过对调查所获数据的分析，中国家族企业的文化力得分是70.28分，总体表现尚可（见图5-26）。其中，凝聚力指标得分最高，接近80分，表明我国民营企业主家庭成员之间的关系较为和谐融洽。但是，在家族适应力和家族治理两个方面的表现欠佳。

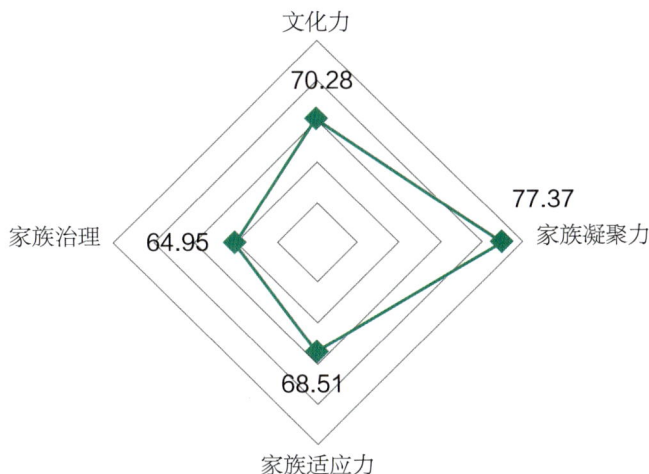

图5-26　中国家族企业文化力得分

进一步分析发现，女性企业家领导下的家族企业在文化力三个指标上的表现要略优于男性领导下的家族企业（见图5-27）。相较于男性企业家，女性在处理家族事务上往往具有更多的灵活性，注重各方利益诉求的平衡，因此，在家族内部的关系更加融洽，应对变化的能力更强。而针对年龄、教育程度、家庭规模的分组对比表明，上述因素对家族企业文化力的三个指标均没有显著影响，在此不再一一展示结果。

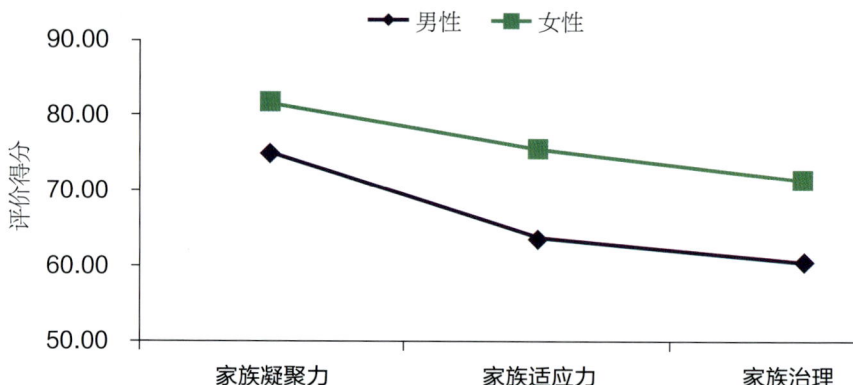

图5-27　不同性别的企业主文化力得分比较

●●●2. 家族企业竞争力

竞争力通过组织架构设置情况、创新与研发情况、企业绩效等指标来综合刻画家族企业的竞争力，以此评估其长期生存和发展的优势和风险。组织架构方面主要考察企业的公司治理情况。数据分析表明，中国家族企业的竞争力得分为68.53分，表现一般。

（1）公司治理能力欠佳，家族持股比例越高，表现越差

总体上被访家族企业的治理能力得分为60.6分，得分较差。治理能力的欠缺首先表现在治理机制的不健全。在有效样本中，设立了股东会的企业比例为55.7%，设立了董事会的企业比例为67.8%，设立了监事会的企业比例仅仅为30.6%。另外，股东会、董事会、监事会"三会"齐全的比例为22.40%，"三会"中至少含一会的比例为40.98%（见图5-28）。

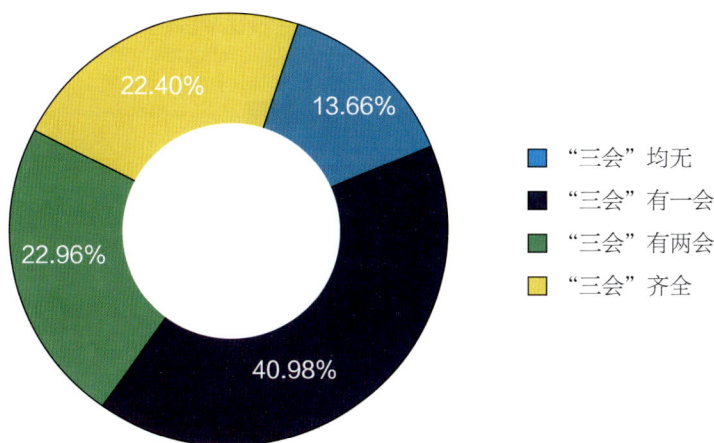

图5-28 "三会"设置情况

即使在成立了董事会等治理机制的企业中,董事会的实际作用也十分有限。首先,在董事会议的召开次数方面,本次调研中成立了董事会的企业,在2013年召开董事会的平均次数为3.54次,48.8%的企业召开的董事会次数小于3次。从董事会的治理情况来看,总体表现不理想,平均分为60.57分,其中表现最差的为董事会对于重大决策的决定权效力问题(见图5-29)。

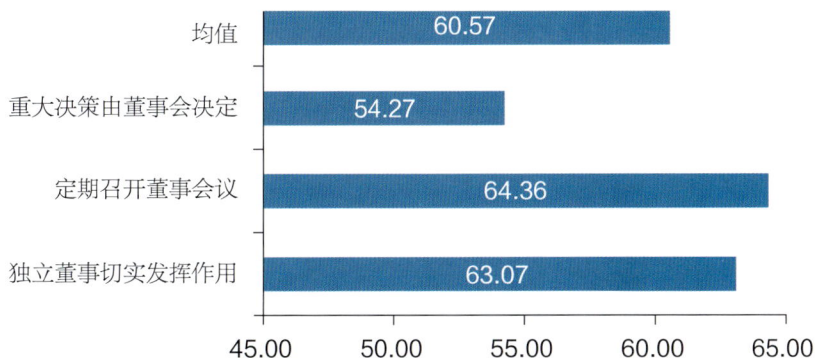

图5-29 董事会治理得分

本研究进一步发现,企业主家族平均持股比例高达75.6%,其中84.5%的企业家族持股比例高于50%,40.85%的企业主家族为100%控股。进一步分析表明,家族持股比例不同时,董事会治理水平存在差异。家族持股比例低于50%的企业,董事会治理得分为77.43分，明显高于家族持股比例高于50%的企业（见图5-30）。

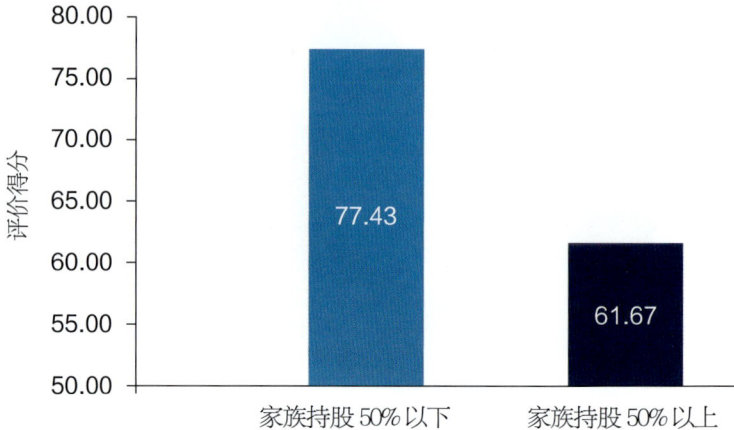

图5-30　不同家族持股比例下董事会治理得分比较

（2）创新投资较少，创新类型失衡，代际差异明显

首先，被访企业表现出言行不一的现象，即较高的研发投资意愿和较低的实际研发投入（见图5-31）。在样本企业中，平均的研发投入金额占销售额的比重为1.83%，低于同年全国民营企业平均投资强度的3.8%。另外，47%的企业投入了研发资金，这个比例高于全国的平均水平39.3%。

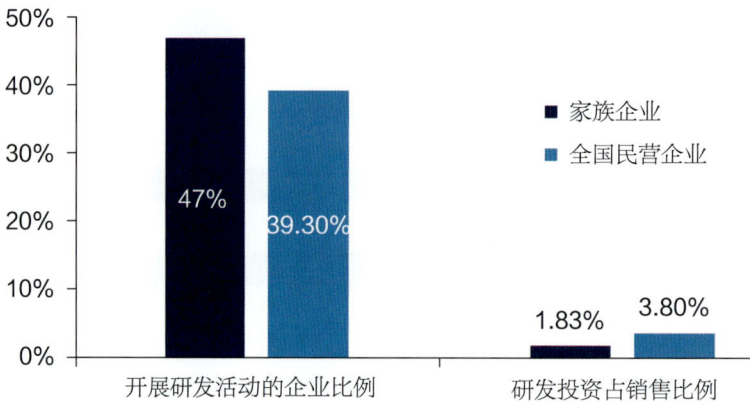

图5-31　研发投资基本情况

其次，数据分析表明，一代企业家领导下的企业研发投入力度大于二代企业家领导下的企业（见图5-32）。由第一代企业家领导的家族企业的研发投入力度为

2.69%，高于第二代企业家领导的企业1.33%，显示出了二代接班后的企业存在技术创新较为薄弱的隐患。

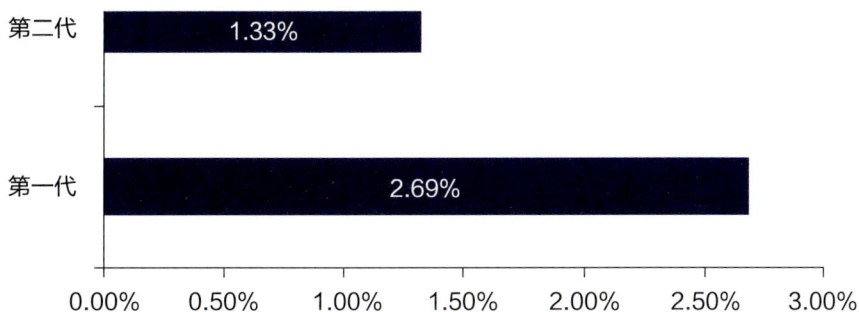

图5-32　代际研发投资强度比较

最后，在创新类型上，被访企业无论在创始人还是二代接班人的领导下，都偏好低风险的利用式创新甚于高风险的探索式创新，其中，探索式创新得分为74.8分，利用式创新得分为79.6分。然而，二代企业在每种创新类型上的得分都高于一代，二代企业在探索式创新和利用式创新的得分分别为76.20分和81.20分，显著高于一代的72.50分和77.10分（见图5-33）。

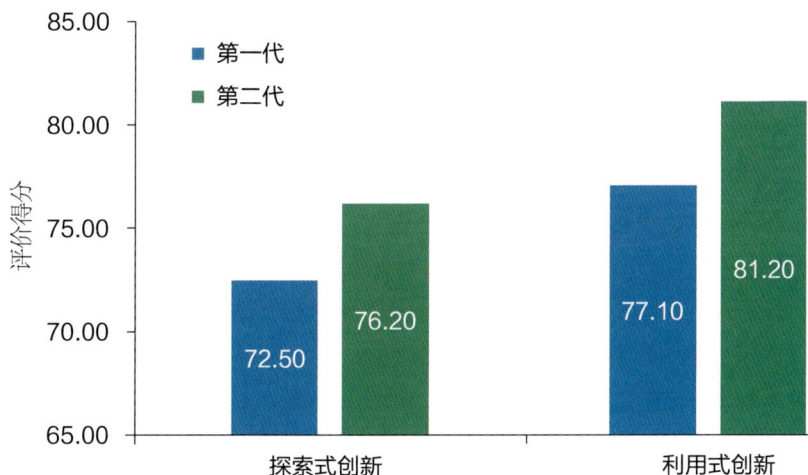

图5-33　代际创新类型得分比较

（3）市场竞争能力尚可，但将市场竞争力转化为财务成果的能力偏弱

被访企业的市场竞争能力总体得分为67.80分，仍不是很理想。其中，市场竞

争性指标的得分较高,分别为74.14分(在行业中的竞争地位)、69.43分(市场占有率)和68.57分(销售增长率)。然而,财务性指标的得分则整体较低,分别为59.71分(投资收益率)和67.00分(利润水平)。由此可见,虽然家族企业整体在行业中的市场竞争力较强,销售能够保持增长,但是相应的财务绩效却不尽如人意(见图5-34)。这说明家族企业并不能完全将竞争优势转化为财务成果。这可能是因为家族企业在成本控制和投资决策方面的能力较弱,"投资收益率"指标得分低于60更是印证了家族企业的这一短板。

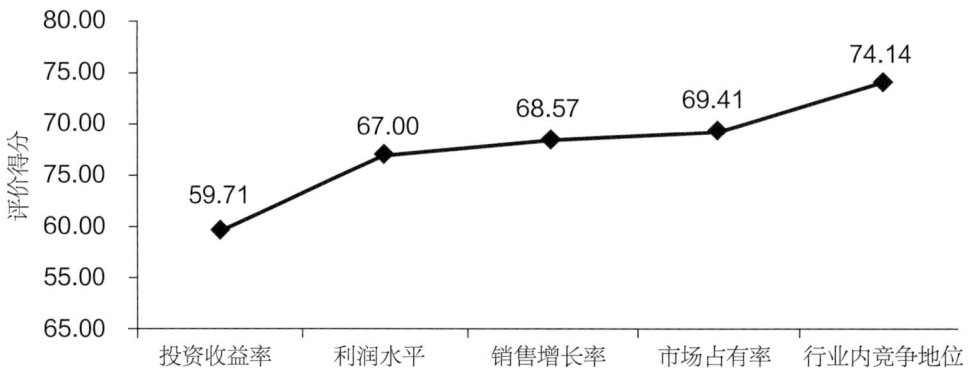

图5-34　　市场竞争力与财务绩效得分

●●●3. 家族企业责任力

世界商业可持续发展委员会(WBCSD)认为,社会责任的基本内容应包括人权、员工权益、环保、社区参与、供应商关系、利益相关者的权益等几个方面。本研究基于利益相关者理论,针对家族企业的特点,从基本和延伸两个层级对家族企业的责任力进行评价,基本项主要衡量了企业履行一些社会规范以及行业规范的情况,包括:(1)遵守法律法规;(2)保障顾客权益;(3)遵守合同契约;(4)遵守行业规范;(5)对合作伙伴负责。进阶项主要考察企业在员工权益以及环保公益延伸性社会责任上的表现,包括:(1)员工关怀;(2)环境保护;(3)慈善公益。

总体看来,2014年中国家族企业责任力的平均得分为80.57分,得分较高。其中,慈善公益的得分最低(69.10分),遵守合同契约方面的得分最高(86.91分)。而从基本责任力和进阶责任力的划分上看,企业在员工关怀、环境保护和慈善公益这三类进阶责任力的表现差于行业规范、社会规范等基本责任力(见表5-35)。

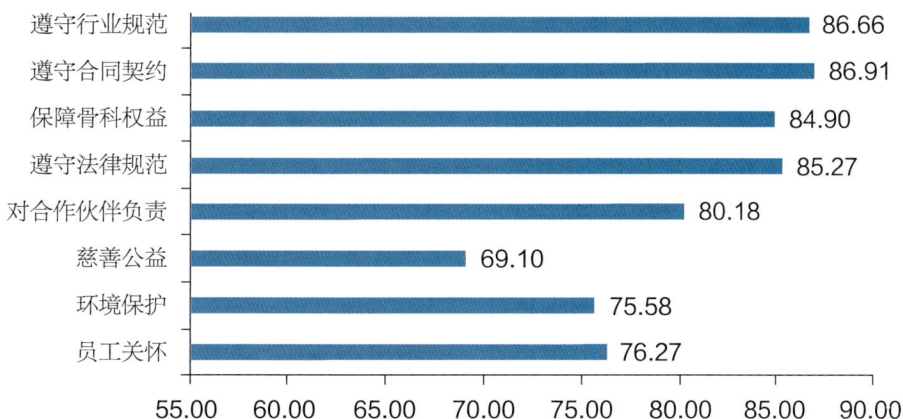

图 5-35 企业责任力分项得分

本研究还考察了企业绩效、传承情况对企业责任力的影响。数据分析表明，企业绩效不同，责任力的表现也会明显不同。另外，当接班人有强烈的接班意愿或者接班人有能力和信心打理好企业时，企业的社会责任履行情况较好。

首先，从销售增长率、利润水平、市场占有率等企业经济绩效情况来看，经济绩效水平越高，责任力得分越高。其中可能的原因是企业的经营状况越好，越有能力履行更多的社会责任（见图5-36）。

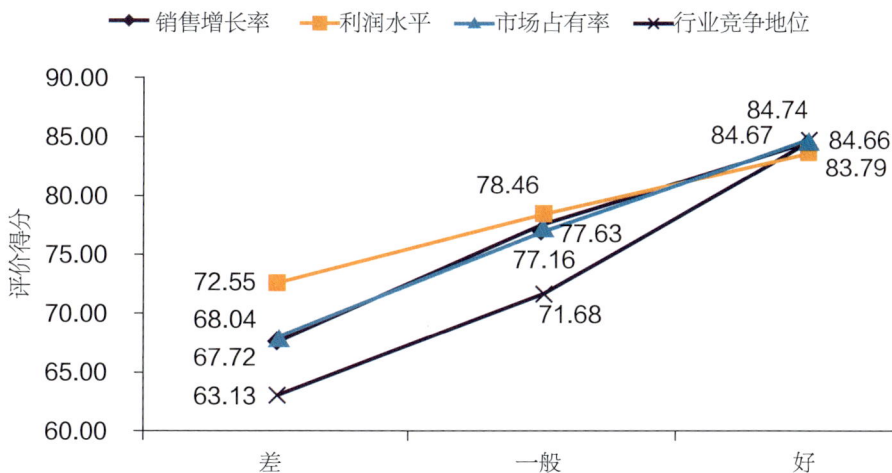

图 5-36 不同企业经济绩效水平下的企业责任力得分比较

其次，从与政府部门关系、社会形象、客户满意度、员工队伍的稳定性等非经济绩效情况来看，企业非经济绩效水平较高时，责任力得分也越高（见图5-37）。

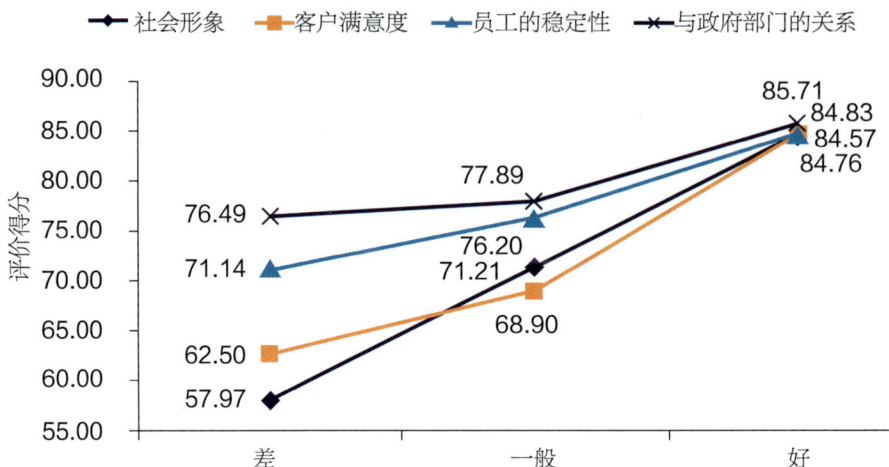

图5-37　不同企业非经济绩效水平下的企业责任力得分比较

最后，本研究发现，接班人接班能力和意愿较强的企业，在责任力方面的表现明显超过接班能力较弱的企业（见图5-38）。对接班能力的判断部分体现出了企业家对于未来接班人的信心。对于家族企业而言，对接班人的信心体现了企业主对家族能够跨代控制企业的信心，因而对接班人信心越足的企业会越注重履行企业的社会责任，以更好地提升家族企业的声誉。另外，企业良好的社会责任的履行还可能反过来对接班人的接班意愿产生影响。对于接班人而言，如果家族企业的社会责任履行得较好时，会对其接班产生促进作用。

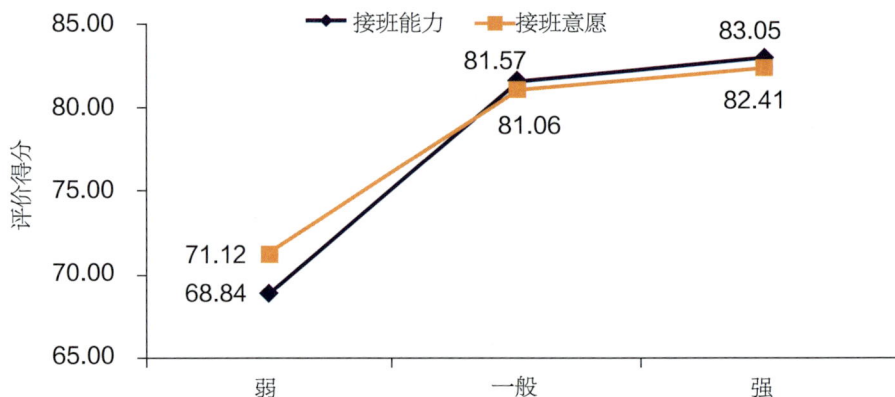

图5-38　接班能力和意愿水平不同的企业责任力差异

第四节　家族企业环境维度现状分析

●●●1. 家族企业适应力

　　适应力测评主要关注企业在面临市场环境新需求、新变化时的应对情况。本研究对于适应力的考察主要从过去三年中企业提高生产效率、降低生产成本、提高生产柔性、提高现有产品质量、进入新的技术领域、打开新市场、扩大产品范围和引进新一代产品对公司的重要性程度共八个方面来进行综合的评价。

　　研究发现，在提高生产柔性和扩大产品范围等方面，样本企业得分低于适应力的平均得分，仅为72.84分。因此，家族企业仍需加强这两方面的重视程度，如加大研发投入，引进新技术等。样本企业在生产效率方面表现优异，得分为85.41分。此结果表明，近年来家族企业愈发重视对于生产效率的提升，并且生产效率的提升有效提高了企业的总体适应力。此外，家族企业在打开新市场、提高产品质量以及降低生产成本三个方面的得分也均高于80分，表现良好（见图5-39）。

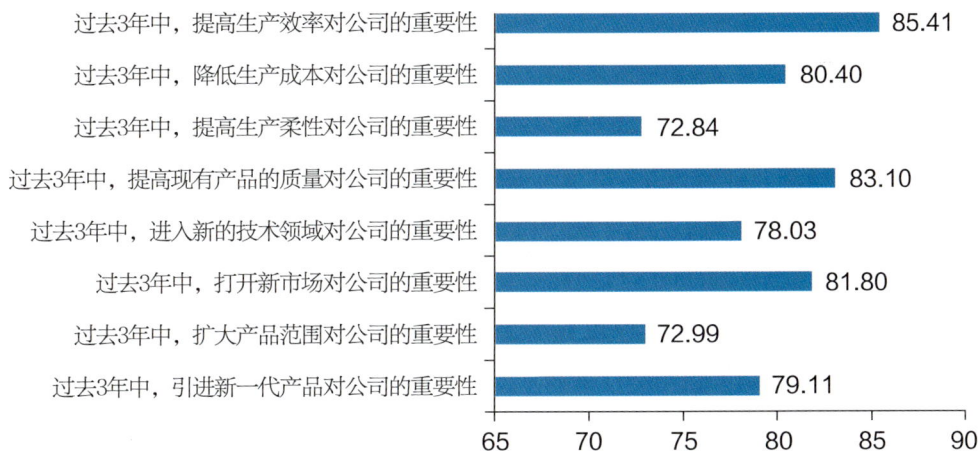

图5-39　家族企业适应力得分情况

　　这一数据结果显示，在激烈的市场竞争环境下，国内家族企业始终将开拓市场和提升产品质量作为第一生产力，并将降低生产成本作为提高利润的主要途径。国内家族企业的总体适应力虽有所提升，但是仍有不足。从目前来看，适应力的提升仍是停留在提高产品质量、开拓新市场以及降低总体生产成本方面，而没有重视到提高生产柔性和扩大产品范围对企业的重要程度，这说明企业的生产方式和管理理念相对保守，应加强对同类行业中市场技术的感知敏锐度。对此，企业之间需要强化技术交流，加强对先进技术理念的学习和认识。

●●●2. 家族企业服务力

对于服务力，本研究主要从创业者的角度以及企业对制度环境的态度等方面进行考察。调研结果显示，服务力得分较低，排在总体环境诸项得分的最后，这反映了家族企业对于制度环境给予的支持不甚满意。从服务力的各项指标来看，家族企业普遍认为政府在市场活动中所处的地位不够清晰、职责不够明确、态度不够中性（由于问卷中的题项采用的是反向条款，所有得分需要进行转化，得分越高表明服务力越好，见图5-40）。

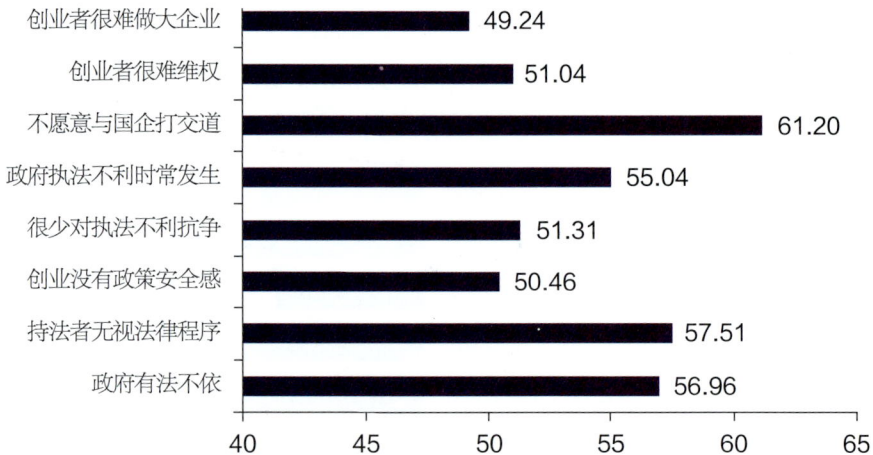

图5-40　家族企业服务力得分情况

家族企业对于市场环境的不甚满意首先体现在"创业者很难做大企业"这一方面，这一项的得分明显低于其他各项的得分状况。同时，"创业者很难维权"，以及"创业者没有政策安全感"两项指标的得分不高，说明虽然外部的总体环境正在不断改善，但是家族企业对于创业环境的感知仍是普遍较低。

近年来，从中央到地方，各级政府对于创新创业都给予了大力的鼓励和扶持。具体可体现为两方面措施：一方面，在舆论宣传上对于创新创业的积极评价和市场中不断涌现出的创新创业明星企业家所起的示范作用；另一方面体现在各级政府在政策层面给予创新创业以切实和有吸引力的支持。各地对于创业活动的政策支持形式具体体现在不同形式的税费减免、小额创业贷款、创业孵化等方面。这在很大程度上提升了市场主体的活力，在社会上形成了鼓励创业的良好风气。但是，可能还是需要一定的时间来改变现实状况，也需要政府和企业家更多的关注与配合，不断地实现政策的落实，实现创业环境的改善。

令人感到欣慰的是，在"持法者无视法律程序"、"政府有法不依"和"不愿意与国企打交道"这三个方面，得分相对较高。这说明家族企业家对于市场经济中法治的作用有着更高的期待，家族企业确实感受到了这方面服务能力的提升和改进。这也与中共中央十八届四中全会提出的"全面推进依法治国"方针政策相吻合。

●●●3. 家族企业包容力

包容力作为环境的一个重要指标，主要体现在外部的金融支持，家族对于企业的支持以及职业经理人组织承诺等方面，分别对应的是外部的金融支持与社会影响、员工对企业的包容和家族对企业的包容等指标。

本研究发现，家族企业感知到的外部金融支持和企业社会影响得分仅为63.6分，是包容力的三个维度中得分最低的一个部分，这需要引起足够的重视和关注。家族对于企业的工作支持得分为74.88分，明显高于企业家感知到的金融支持和社会影响得分。员工对企业的包容得分处于中间水平，为66.00分，仍需进一步改善和提升（见图5-41）。

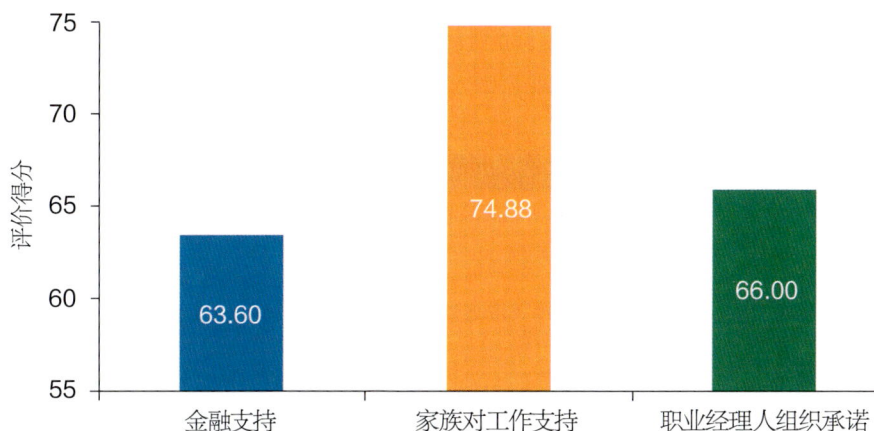

图5-41　包容力各项指标得分

从实际的调研结果来看，家族企业对感知到的外部金融支持情况不甚满意。目前我国大多数的家族企业仍是以中小企业为主，虽然近年来我国加强了对中小企业的关注，但它们的主要资金来源仍然是以家族内融资为主，国家的金融支持不能满足广大中小企业的需求。为了实现中小企业的健康发展和永续经营，现任政府已经在着手改善民营中小企业的运营环境，如提供财政支持和引入各种融资渠道等。我们相信，民营企业融资困难的道路会逐步疏通。

不同身份的被访者，感知到的外部金融支持和企业社会影响不同。当被访者是家族管理者时，其感知到的外部金融支持和企业社会影响得分（85.00分）最高。而当被访者是家族企业创始人时，这一得分最低，仅为57.81分，不及格。而当被访者为接班人时，这一得分有所提高，为67.31分。这一结果的出现是由企业发展阶段造成的。在企业创业之初，由于面临更多的融资困难，更多依赖于创业家族的财富；而在企业逐步发展过程中，融资渠道增多，融资状况明显得到改善，家族企业能够逐渐积累资源和资本。由此可见，应该重视对于家族企业初期的金融支持，特别是创业型家族的金融财务方面的优惠，从而打破创业初期的融资困境，减少资金问题带来的创业阻碍，实现家族企业的持续发展和企业内再创业的过程。

但是，进一步探索企业家是第一代成员或是第二代、第三代等成员时，发现第二代家族成员对于外部环境中金融支持的感知得分确实要高于第一代家族成员。这表明，观念、思维、知识的转变促使管理模式的不断改善。

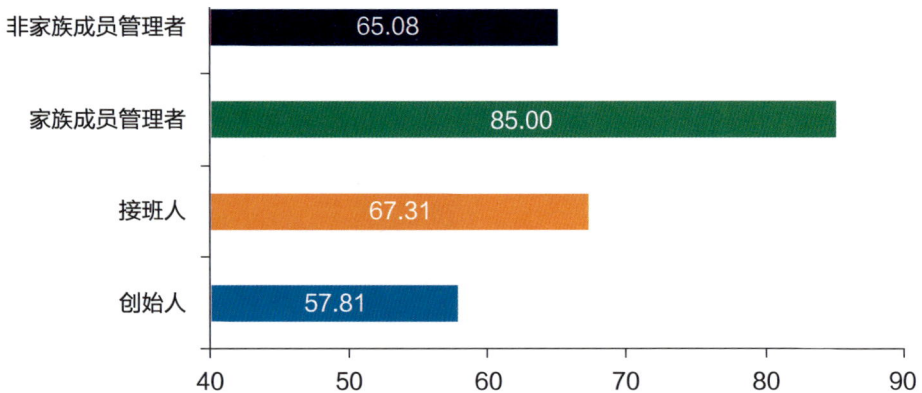

图5-42 不同被访者感知的企业金融支持环境得分

本研究进一步发现，家族持股比例不同，企业对于外部金融支持环境的感知存在显著差异。家族持股比例较高的企业（超过50%），其感知的金融支持和企业社会影响得分仅为59.59分,不及格。而家族持股比例相对低的企业(低于50%),其感知的金融支持和企业社会影响得分达到良,为72.73分。由此可见,家族控股比例与企业金融支持和社会影响存在明显的负相关(见图5-43)。

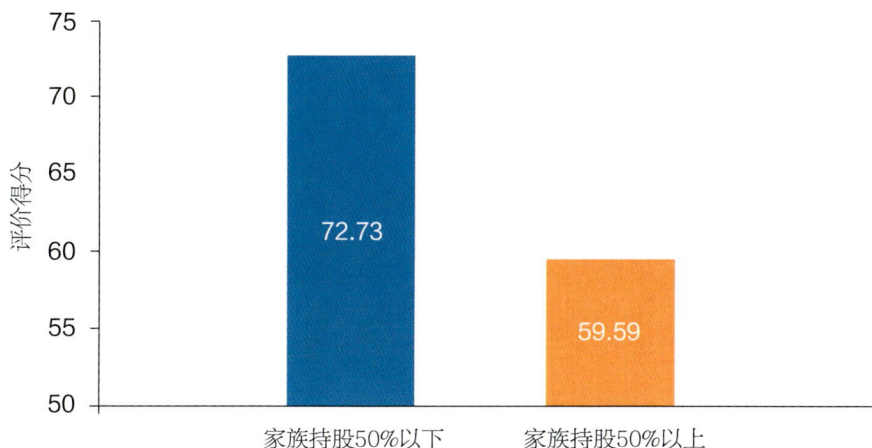

图5-43　家族控股比例不同的企业金融支持环境感知得分

而在家族企业的内部利益相关者方面的调查显示,接班能力和意愿越强,企业中的家庭对工作支持得分越高(见图5-44)。

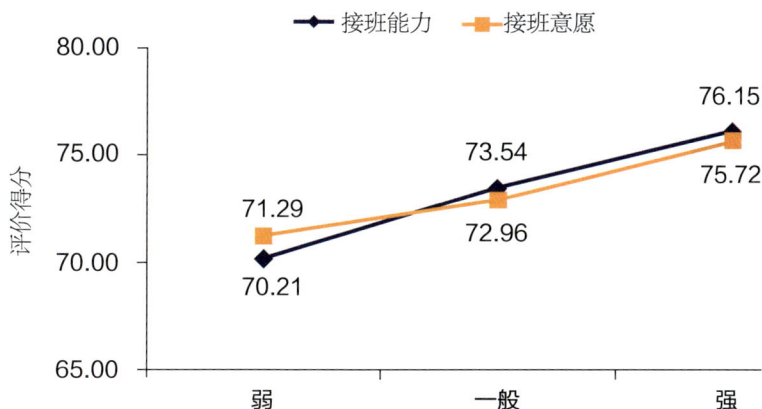

图5-44　企业主家庭对工作支持得分分组比较

随着企业的不断发展,家族企业面临的人才问题将会成为企业发展的瓶颈。家族成员对于企业工作是否支持是人才问题的核心所在。打破"家族企业"所带来的外界屏障以及家族内部成员对企业的误解，提升内部成员对企业的信任程度和自我认同感，是解决人才问题的关键。这具体表现在家族企业的内部晋升以及人才发展渠道的规范化、长期导向化以及逐步实现现代化。另外，外部引进的职业经理人也需要提高职业素养，实现双方的信任，从而推动企业长期健康发展。

第六章

中国家族企业
健康状况专题分析

THEMATIC ANALYSIS

第一节 中国家族企业
健康状况年度比较

　　中国家族企业健康指数研究项目自2012年启动至今,试图从家族企业的精神、行为和外部环境三个方面为我国家族企业的健康状况把脉。2014年,项目组根据家族企业理论的新发展和市场环境的新变化,对前两年的指标体系作了部分调整。

　　从总体得分上看,我国家族企业健康状况稳中有升。其中,2014年中国家族企业健康状况的总体得分为71.67分,达到中级阶段,高于2013年的66.60分和2012年的66.03分(见图6-1)。从三个构成维度来看,家族企业精神维度得分保持稳定,家族企业行为维度得分小幅上升,家族企业环境维度得分显著提高。但由于2014年度对环境维度的测量指标做出了较大调整,年度之间的得分比较意义不大。

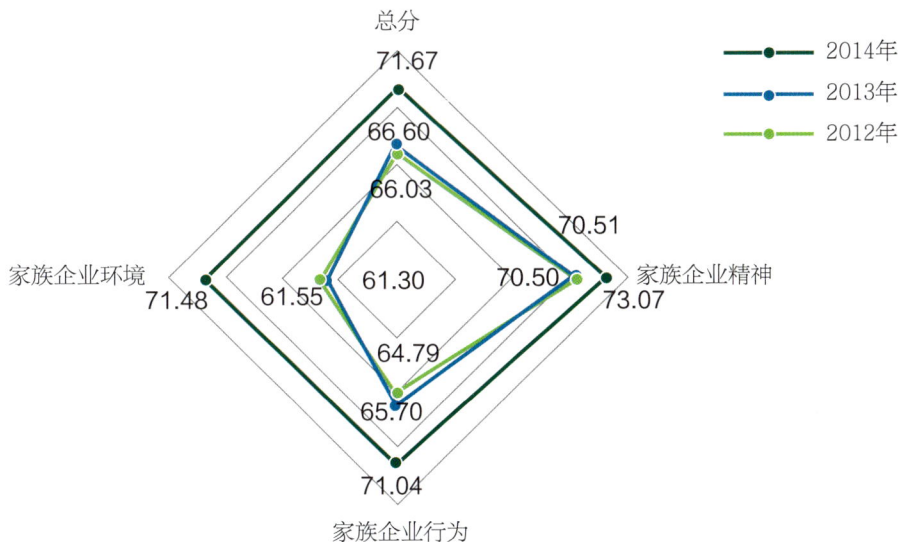

图6-1　家族企业健康指数三维年度比较(2012—2014)

　　从九种健康力量得分的年度对比来看,2014年中国家族企业健康"九力"元素得分总体保持稳定。传承力、领导力、竞争力、责任力、适应力、包容力都高于2013

年和2012年，文化力的得分则稍低于前两年。但是由于测量指标和体系变化的原因，年度比较的意义不大（见图6-2、图6-3）。

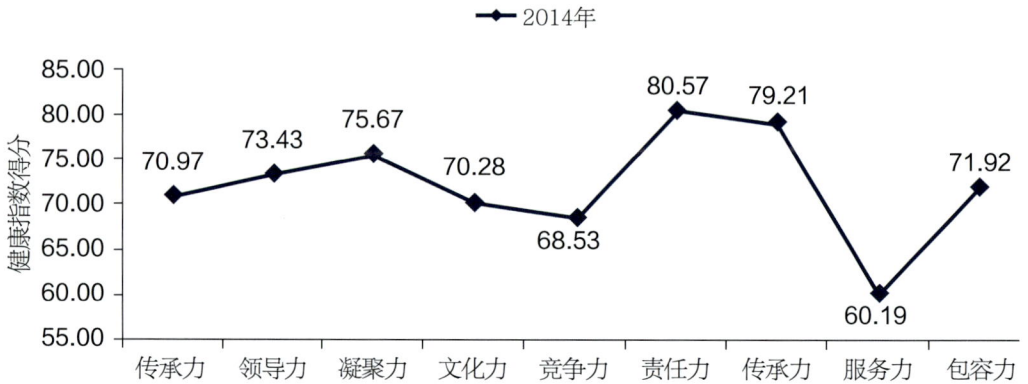

图6-2　2014年中国家族企业健康指数"九力"得分

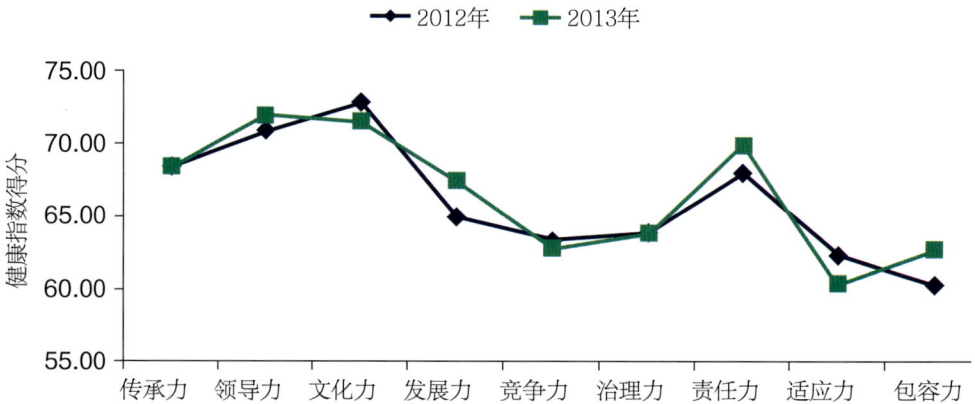

图6-3　2012—2013年中国家族企业健康指数"九力"得分

第二节 家族企业精神专题分析

2014年的研究延续前两年的研究范式,将家族企业精神作为考察家族企业健康的第一个维度,但对其中具体的构成要素进行重新划定。新规划的家族企业精神维度包括传承力、领导力、凝聚力三个指标。其中,传承力重点考察了继任者的特质、家族对企业的承诺、系统的传承规划三个方面;领导力包括领导者特质、领导风格以及对职业经理人培养等方面;凝聚力涉及现任领导人与继任者的关系以及职业经理人对企业的认同两个方面。

2014年中国家族企业精神维度得分为73.07分,与前两年相比较有小幅度提升。在二级指标方面,传承力、领导力和凝聚力得分分别为70.97分、73.43分和75.67分(见图6-4)。

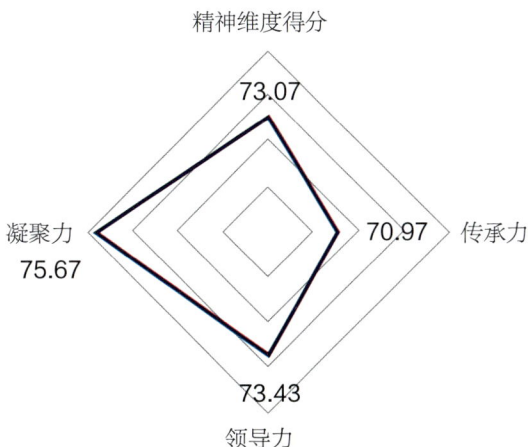

图6-4 家族企业精神维度指标得分

●●●●1. 传承困境持续存在

与前两年的研究结果相同,2014年的研究结果显示,虽然传承力得分略高于去年的分值(见图6-5),但在家族企业精神维度的三个指标中,得分仍然最低。2014

年的研究进一步发现，中国家族企业中企业主家族对企业抱有较高承诺，且家族接班人具备了较好的素质，但是缺乏明晰的传承规划。这使得很多企业都是在面临紧迫的交接班压力时（如一代创始人即将退休或因其他原因不能继续管理企业）才考虑传承问题。理论研究表明，企业管理经验的积累以及家族外部关系网络的传承均需要一个较为长期的互动过程，缺乏明晰的传承规划将是制约我国家族企业顺利交接班的重要因素。

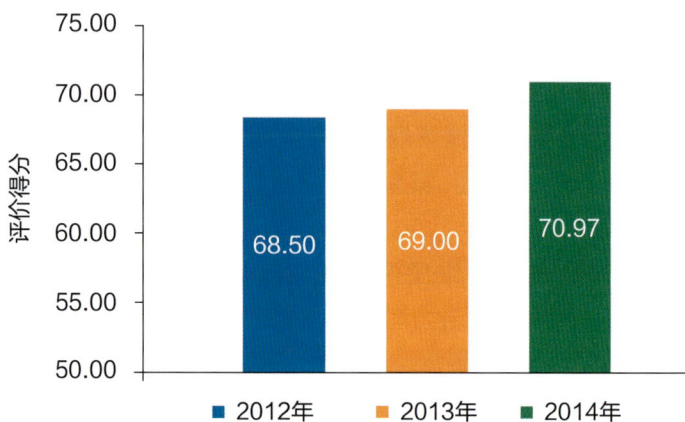

图6-5　传承力得分年度比较

其次受到独生子女的政策影响，中国家族企业主的子女数目普遍较少，因此难以在有限的继任者群体中挑选到值得信任的接班人。这也对传统的"子承父业"家族继承模式提出了挑战。当继承人群体仅有或大部分为女性时，女性领导与女性创业间接获得了支持。

此外虽然家族企业继任者总体素质表现良好，但他们在与家族成员相处的能力上却有所欠缺。家族企业的一代创始人们对于企业有很强烈的情感连带，普遍工作繁忙无暇顾及家庭，子女大多数在幼年就送往外地或者国外接受较高质量的教育，与家族成员之间共同生活的时间较少，导致关系不够亲密。若未来控股家族成员不十分信任继任者，也可能会给传承蒙上阴影。

●●●2. 风格转变与素质提升需同步

本年度从领导者特质、领导风格以及对职业经理人培养三个方面考察家族企业的领导力。本研究发现，2014年中国家族企业领导力得分为73.43分，相较于2013年的72.00分变化不大。对领导风格的分析进一步发现，我国家族企业正在摆脱传统的家长权威式领导方式的束缚，更多地青睐变革型领导方式。变革型领导通过个性化的关怀增强了企业管理团队的向心力，同时鼓励他们勇于创新，采用新方法、新流程，从而快速应对不断变动的市场环境。然而，在领导风格积极转变的同时，中国家族企业的领导者在个体素质上的提升有限，尤其是在开放性和冒险性这两项特质上表现不足。

●●●● 3. 凝聚力良好，但也需完善制度

从现任领导者与继任者关系以及职业经理人对企业的认同感来看，中国家族企业的凝聚力表现较好，得分为76.67分，特别是职业经理人对所在家族企业表现出较高的认同感。但是，职业经理人对企业的认同程度受到企业治理机制规范化和激励机制有效性的双重影响。在董事会、股东会、监事会齐全的企业中，职业经理人的认同感明显高于治理机制不健全的企业。在制订了股权激励计划的家族企业中，职业经理人的认同感也明显高于没有激励机制的企业。由此可见，团结"外脑"除了需要依靠家族企业领导者的个人魅力和风格转变外，还需要规范的治理机制和激励机制保障。

第三节　家族企业行为专题分析

本年度家族企业健康指数指标体系对行为维度进行了较大的调整，涵盖了文化力、竞争力和责任力三个方面。文化力刻画了"家族的软实力"，即家族凝聚力、家族适应力和家族治理。文化力表现好的企业能够在家族和企业之间筑起防火墙，避免家族冲突和矛盾波及企业运营。而凝聚力高的家族则会集家族之力，促进企业的发展。竞争力从创新导向、研发投入、公司治理和绩效等方面评判家族企业在市场环境中的当前表现和发展趋势。责任力关注家族企业与内外部利益相关者的互动，包括遵守法律法规、遵守合同契约等基本社会责任和员工关怀、环境保护等进阶社会责任。

从二级指标的得分来看，2014年中国家族企业行为维度整体与去年基本保持一致：中国家族企业对社会责任的认可度最高，责任力得分达到80.57分；竞争力得分依旧最低，为68.53分（见图6-6）。由此而见，短时间内中国家族企业的行为表现

出稳定的模式。

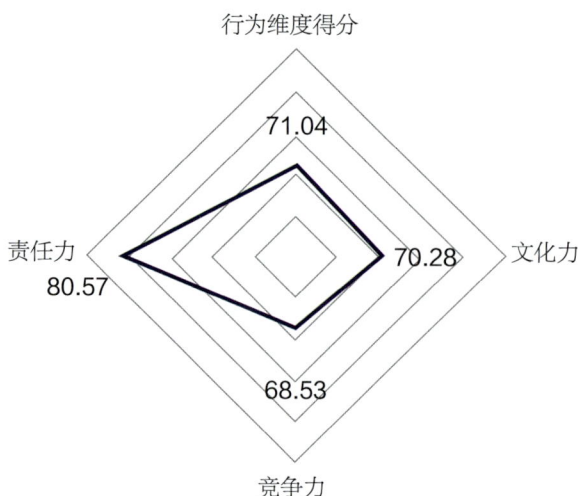

图6-6　家族企业行为维度指标得分

●●●1. "家和万事兴"的软实力

　　虽然家族企业在文化力指标上的得分只有70.28分, 但其中的家族凝聚力表现突出, 得分达到了77.37分, 反映了大部分企业主家族关系和谐融洽。尤其是女性领导下的家族企业在家族凝聚力、适应力和家族治理上都显著优于男性领导者, 可见柔性管理方式在处理家族事务上更具优势。

●●●2. 家族与治理的悖论

　　本年度中国家族企业在竞争力方面的得分不佳, 其中很重要的方面是治理机制不健全。同时设置了股东会、董事会、监事会的家族企业仅占总样本的不到四分之一。即使在设置了较完善的治理机制的家族企业中, 治理机制发挥的作用也十分有限, 这具体表现为董事会成员全部由家族成员充任, 董事会召开次数少且议程随意。本研究进一步发现, 控股比例越高的企业, 治理机制越不健全, 董事会效力越低。而随着家族企业的不断发展壮大, 所有权和管理权进一步分离, 治理机制的缺乏使得家族企业要么过于集权而不能吸纳外部人才, 要么过于松散而不能有效约束企业内的职业经理人, 从而为企业的长期生存和发展蒙上阴影。

●●●3. 创新不足后劲乏力

本年度中国家族企业在竞争力指标上表现不佳，尤其是绩效表现不佳，其中一个重要原因可能是企业创新的不足。创新指标的综合得分仅为62.7分。具体而言，中国家族企业对待研发创新表现出"雷声大雨点小"的现象，在普遍表达了较高的研发投资意愿的前提下，实际的研发投入却低于同年全国民营企业平均水平。另外，即使是实际投入创新过程的家族企业，也偏好较低风险的利用式创新而不是更高风险的探索式创新。这种对待创新的保守态度随着代际传承的临近而更加严峻。研究结果显示，二代领导下的家族企业的研发投入强度尚且低于一代创始人领导下的研发投入强度，而且利用式创新和探索式创新之间的结构性失衡在二代领导下的家族企业中更加明显。家族企业领导者，特别是年轻一代的领导者对创新活动的不重视为家族企业的长期竞争力埋下了巨大的隐患。

第四节　家族企业环境专题分析

本年度家族企业健康指数指标体系对环境维度的相关指标进行了重新划分和命名。其中适应力是企业对外部环境变化的主动应对，服务力指政府政策等宏观环境对家族企业发挥能力的支持，包容力涉及企业外部利益相关者对企业的支持。

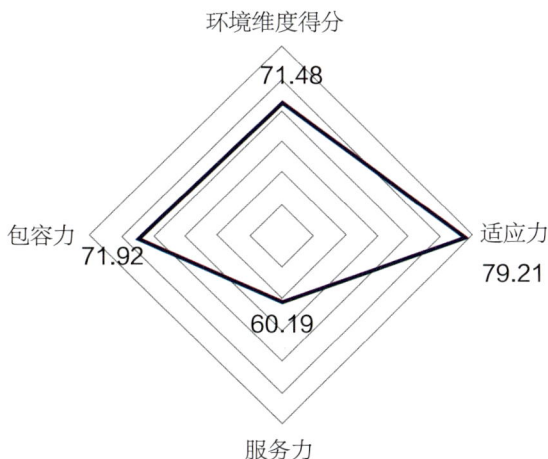

环境维度得分
71.48

适应力
79.21

服务力
60.19

包容力
71.92

图6-7　家族企业环境维度指标得分

总体而言，家族企业环境健康状况为良，达到了71.48分。其中适应力得分最高，为79.21分。包容力得分低于适应力，为71.92分，仍然有较大的进步空间。在环境健康的总体得分中，服务力明显落后于适应力与包容力，仅为60.19分，刚刚及格，迫切需要改进和提升（见图6-7）。

首先，虽然目前家族企业的外部环境不断得到改善，但由于环境因素不是家族企业自身可以改变的，因此企业在环境方面面临着巨大挑战。在环境健康的总体测评中，相对于其他方面的表现，适应力表现良好，这表明随着民营经济的不断发展壮大，市场环境虽然有所改善，但为了实现企业的永续经营，仍然需要对环境的持续关注和重点提升。目前对于适应力提升的方式仍是集中于降低生产成本、提升质量等提升生产效率的方式，而没有重视到提高生产柔性和扩大产品范围对企业的重要程度，这说明企业的生产方式和管理理念相对保守，需要进一步提升，应加强对同类行业中市场技术的感知敏锐度。另外，企业未来的发展模式还需要持续关注家族企业适应力的均衡发展。

其次，与适应力和包容力相比，服务力处于最不理想的状态。这主要是由于目前民营企业在创业、发展等过程中仍是会常常遇到融资困难、人才紧缺等困境，再加上相关政策的限制以及法律制度的不健全，家族企业家对于市场经济中的法治作用有着更高的期待。此外，家族企业对于创业环境的感知状况仍存在进步空间。虽然近年来，从中央到地方政府对于创新、创业都给予了大力的鼓励和扶持，但总体来说效果还有待加强。对于创业活动的支持和鼓励，不仅能有助于提升民营企业创业者的信心，同时在很大程度上也提升了市场主体的活力，在社会上形成了鼓励创业的良好风气。另外，这也能够部分解决目前就业市场面临的压力。

第三，从对包容力的分析可以看出，人才的吸引和培养以及公司发展的科学规划是家族企业面临的重大挑战。家族成员以及企业员工需要转变对于"家族企业"的认知，实现从传统、封闭、保守的认知转变为现代、开放以及规范化认知的转变升级。同时，应加强对家族企业的自我认同感，提升企业责任感，从而减少乃至避免家族企业发展中人才问题产生的瓶颈。另外，众所周知，金融支持是企业永续发展的持续动力。为了打破企业创业初期的融资困境，减少资金问题带来的创业阻碍，企业主应重视创业初期的金融支持，实现家族企业的持续发展和企业内再创业的过程。

最后，家族需要不断进步，与时俱进，内部创新。家族成员代际差异的形成，有来自多方面的原因。我国大部分的家族企业正面临一代向二代传承交接班的关键时期，代际的差异将直接影响家族企业的组织运行结构，从而影响企业未来的健康发展。代际的差异，一方面需要一代企业家不断更新知识结构，提高专业化的管理技能，另一方面要求二代企业家通过多种积极的途径积累管理经验，增加代际的沟通交流，从而实现企业健康、持续的发展。

总体来说，企业健康环境的不断改善，是机遇也是更大的挑战。家族企业需要做好准备，牢牢抓住机遇，勇于接受挑战，实现更大的突破与成就。

第七章

中国家族企业案例分析

CASE ANALYSIS

第一节　典型案例及分析

●●●案例一　香飘飘集团: 香飘四海，爱我中华

　　香飘飘食品股份有限公司创立于2005年8月，位于浙江省湖州市，是国内杯装奶茶行业的开创者，其持有的"香飘飘"商标在2008年被认定为"中国驰名商标"。自创立以来，香飘飘集团一直把食品安全和产品创新作为公司的第一要务，把成为全球著名的快消品品牌作为愿景，致力于推动奶茶成为人类的主流饮品，为人们的生活增添满足感。公司先后开发了20余种奶茶、速溶年糕和休闲花生食品，并先后通过了ISO 9001国际质量体系认证、ISO14001环境管理体系认证、ISO 2200食品安全管理体系认证，销售范围覆盖全国各省、市、自治区和直辖市。目前，公司由创始人蒋建琪担任董事长，创始人的弟弟担任副董事长。其家族谱系图见图7-1。

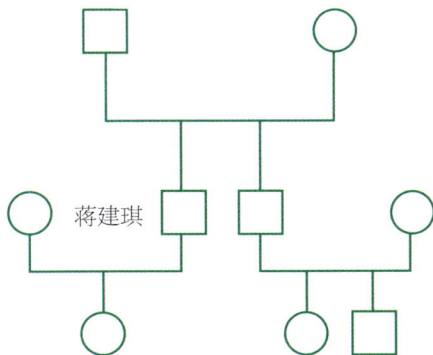

图7-1　香飘飘集团家族谱系图

一、家族创业史

1. 辞职下海成为奶茶之父

　　1989年以前，蒋建琪还是上海铁路局的一名普通公务员。在对公务员的工作失去兴趣之后，他辞去了稳定工作，随着下海热潮到南浔开办了手工作坊式的面包工厂，随后又开始销售老顽童棒冰。2002年，考虑到液体小饮料的运输成本以及企业

未来更广阔的发展前景,蒋建琪决定将厂房从南浔搬迁到湖州市区。

11年前的一个夏天,两兄弟在杭州出差,他们看到小林奶茶店的门前排起了长队,人们顶着烈日买奶茶。这样的场景为他们的新产品开发提供了灵感。为了能够为想喝奶茶的人们提供便利,蒋建琪找到杭州食品研究所的朋友,和他商量能否研发出速溶干粉状的奶茶粉,这样消费者在家里用开水冲泡即可享用。经过半年研发,第一个杯装奶茶雏形诞生。随着杯装奶茶的研发成功,2005年香飘飘集团在湖州市创业大道正式成立。在随后的全国烟酒糖展览会上,蒋建琪和公司销售经理共同努力,将香飘飘杯装奶茶推向了全国市场。

2. 多元化失利转向专一市场

随着杯装奶茶走向全国市场,香飘飘也踏上了成长之路。蒋建琪看到国内多家食品企业开始产品多元化,便打算着手产品多元化,开始生产方便年糕、花生等方便类副食品。产品多元化之后,虽然市场反响好,也保证了一定利润,但是这个时候优乐美奶茶开始追赶,并请了当红歌星周杰伦做广告,这一举动对香飘飘奶茶的打击很大。由于资金和精力被分散到多个产品上,蒋建琪在这个阶段感受到了瓶颈。

恰逢这个时候,蒋建琪在一次管理学术论坛上遇到了国际知名的管理咨询公司——特劳特公司的总经理,总经理提出的定位理念得到了蒋建琪的认可。后来,他便找了特劳特公司作为香飘飘的咨询顾问,专门为香飘飘做定位。特劳特公司提出的第一条咨询建议是砍掉一切与杯装奶茶无关的产业,专心致志做奶茶。蒋建琪经过一阵考虑,最终接受了这个建议,砍掉了年糕、花生的生产线。尽管这样一来仅生产设备就损失了3000多万,但这次重大的经营决策为公司的后续发展带来了转机。

3. 重塑企业愿景,经营理念国际化

近年来,香飘飘的经营理念发生了转变,眼光更加国际化,已经与多家国外知名咨询机构达成合作。首先,在产品创新上推崇以顾客为中心,从消费者的角度来思考公司应该做的事情;其次,开始注重企业文化的建设,通过与员工共建"愿景大厦"、共谈梦想,提高员工的组织承诺,让员工的个人梦想与企业成长联结在一起,将企业文化作为未来企业发展的土壤。香飘飘在面临市场变化时,不断寻找革新方案,同时始终坚持牢牢把控食品质量,至今从未发生过一例食品安全事故,在成长阶段不断突破,连续八年保持销量领先。

二、家族健康对企业健康的影响

1. 健康的家族孕育健康的香飘飘——扬帆启航, 一路有你

正如Rogoff (2003)对家族企业所做的比喻一样,企业是火种,家族就是呵护

火种的氧气，唯有健康的家族才能孕育健康的企业。家族企业的创业不可能发生在真空中，就如同火焰的燃烧离不开氧气一样。在创业阶段，健康的家族往往能为创业者发现和开发商业机会提供物质和精神上的帮助。

在蒋建琪打算放弃金饭碗辞职下海的时候，得到了妻子的全力支持。妻子认为应该让丈夫实现自己的人生理想。蒋建琪和妻子从小在同一个地方长大，算得上是青梅竹马，相似的家庭成长背景，促成了两人的相互理解和尊重。

除了家庭贤内助的支持之外，蒋家大家庭也提供了较大的帮助。当年工厂还在南浔的时候，整个蒋家大家庭住在一起，一起吃饭，经常沟通交流。那时，家庭关系简单淳朴，大家都相亲相爱、心胸宽广，有很强的凝聚力，从来没有发生过大的矛盾。在开始做面包作坊的时候，大家庭的成员都一起过来通宵帮忙。后来南浔的工厂遇到洪水，大家一起冲到工厂区抢救设备。

创业路途中的一次次艰难经历更加彰显了家族给企业带来的力量。具有强大家族凝聚力的家族往往也能够为家庭成员带来正能量。从这样的健康家族里成长起来的企业家也更加具有社会关怀，因为他们会把对家人的爱延伸到对员工、对消费者的爱当中。正如蒋建琪的弟弟在访谈中讲到的，"我和哥哥做香飘飘，想到的就是要做给女儿喝的奶茶"。

2. 健康的家族呵护健康的香飘飘——家有贤助，势如破竹

企业成长阶段，蒋建琪的工作非常繁忙，但他也始终坚持不把企业中的烦恼带入家中。尽管妻子并没有参与到香飘飘的日常管理中，但她在背后默默地支持着丈夫的事业。

蒋建琪的家庭属于典型的丈夫主外、妻子主内型，夫妻二人在生活和事业上各司其职、互相支持。不同于当地许多夫妻企业，蒋太太并不过多涉入香飘飘的管理。蒋太太在访谈中提到，在企业成长阶段，她本来打算辞去原有的工作到香飘飘来帮忙，但是有一天她上公司楼梯的时候，员工们察觉到她高跟鞋的声音，就在那低声细语地说："老板娘来了，快快快坐好。"这个细节让她忽然觉得，她不希望让员工觉得香飘飘是她们家的，她不想做这样的老板娘，而更希望员工能够把自己当成香飘飘的主人，大家为香飘飘工作也是在为自己创造更美好的未来。此后，她开始慢慢转变自己在企业中的角色，发挥女性在家族企业中的润滑剂作用。虽然她尽量不参与企业管理，但每年都会抽时间跟员工吃饭聊天，用她温柔的力量增加员工对企业的认同感；遇到高管之间有冲突，她也会在中间帮忙沟通协调。这样的角色转变反而让她更好地呵护了香飘飘的成长。

随着企业的成长，蒋建琪的家人们也渐渐把香飘飘看作是自己的家人，时刻关

注着它的发展壮大。蒋建琪的女儿曾经提到令她印象深刻的一件小事。在香飘飘第一支广告在湖南台播出的时候，家里人吃完饭都坐在电视前，等着广告出现。后面很长一段时间，家里人尤其是爷爷奶奶一听到香飘飘的广告歌，都会迅速地跑到电视前去看。这样小的细节反映出了蒋建琪家人对于香飘飘的关怀，家族成员的幸福感也与企业的健康成长紧密关联起来。香飘飘背后温馨和睦的奶茶家族亦是企业的健康成长的后援团。

3. 健康的家族促进创业精神的传承——以父为尊，持续创业

企业的传承除了物质财富的传承更重要的是精神财富的传承，创业精神是家族企业最重要的精神财富。拥有家族企业背景的二代如果能够成功地继承父母辈的创业精神，同时借助父母积累的物质财富在新的时代开创自己的事业，为家族财富注入新鲜活力，这对整个社会财富的合理利用亦是一大贡献。健康的家族能够为创业精神的传承提供土壤，因为二代从健康的家族中所能感知到的是创业为家庭生活所能带来的快乐与充实，而不是父母将企业难题遗留到家庭生活中的不幸与烦恼。习惯于在健康的创业家庭氛围中生活成长，会从某种程度上促成二代对创业精神的认同，将父母辈作为创业榜样。

蒋建琪的女儿聪明、大方、独立、有主见，她也有自己的创业理想，目前已经在大学里和同学合作进行创业项目。她在访谈中提到，父亲是他的榜样。说到将来想做什么样的企业时，她讲道："希望自己未来所做的企业不仅能够创造财富，更能够促进某方面社会问题的解决，就像现在的社会企业一样，能够为人们提供帮助、带来幸福感。"她的这一想法深受父亲的影响。她说，父亲之前给她讲过的一句话她印象特别深。在某一年过年的时候，她和父亲到他的办公室贴年画。父亲站在办公室窗边对女儿说："其实，我每天最开心的事情，并不是看到财务处给我汇报有多少钱进账了，而是我站在办公室窗口看到工厂的货车把我们的奶茶运出去，然后我就想象着我们的奶茶到了全国各地的人手上，人们握着奶茶很开心的样子。我觉得这很棒！"父亲所传达出的正能量对女儿的影响根深蒂固，让女儿更加信仰创业精神，更加信仰一家健康的企业所能带来的重要的社会价值。

说到如何教育孩子这个问题，蒋建琪的弟弟讲道，虽然他们算是富裕的家庭，但是对孩子一直没有按照富裕家庭的标准来教育。他们整个家庭氛围平易朴实，跟普通老百姓家庭没有太大差别。他们鼓励孩子做自己喜欢的事情，如果不能做自己喜欢的事就没有幸福感，也无法做好。如他的女儿从小热爱音乐，他也不阻止，支持她去追求自己的音乐梦想。孩子们也都是见证着香飘飘一步一步成长起来的，她们都把香飘飘当作自己的亲弟弟一样，也随父母一起经历过生活上的磨难，所以懂得珍惜财富。

三、案例小结

总结奶茶家族的健康对香飘飘企业健康的影响，笔者认为主要有以下几点。

首先，健康的家族为企业家创业提供了资源支持。在企业的萌芽期，各种资源都较为缺乏，家族可以为创业初期的企业提供人力、物力等资源支持。在企业成长阶段，健康的家族关系能够为企业解决后顾之忧。妻子对丈夫的协助能够发挥女性情感优势，和睦的家族关怀更是企业健康成长的后援团。

其次，健康的家族是创业精神传承的土壤。它不仅能为现有家族企业的健康成长提供支持，还能为家族企业的后代们产生重要影响。一方面健康的家族及和睦的家庭关系会影响后代对创业的正面评价；另一方面，这也在无形中塑造了二代的创业精神，并培养了他们的能力。

第三，健康的家族治理机制能够为企业家一同分担企业难题。企业家回到家中，可以同家族成员通过合理的议事机制一起讨论、解决企业中遇到的困难，分担责任，从而助力企业在困境中的成长。

最后，健康的家族还能够塑造健康的价值观。健康的家族能够让企业家把对家人的爱普适到对消费者、对员工的爱当中，从而培养健康的企业。正如被访者在访谈中提到的那样，他们做香飘飘想到的是给女儿喝的奶茶。正是家族的健康氛围，影响了企业家想要创办健康企业的价值观，这种影响往往是潜移默化的。

（执笔：王丹）

●●●案例二　福耀集团：发展自我，兼善天下

福耀玻璃工业集团股份有限公司（以下简称"福耀集团"），1987年由曹德旺在福州注册成立，是国内最具规模、技术水平最高、出口量最大的汽车玻璃生产供应商，也是名副其实的大型跨国工业集团。集团旗下的"FY"商标是中国汽车玻璃行业第一个"中国驰名商标"，并于2004年起连续两届被授予"中国名牌产品"称号。目前，福耀集团已在福建、吉林、上海、重庆等地建立了现代化的生产基地，形成了一整套贯穿东南西北合纵联横的产销网络体系，还在俄罗斯、美国、日本等国家和地区设立了子公司和商务机构。2013年，福耀集团销售额115亿元，纳税总额14.5亿元。

2009年，董事长曹德旺作为首位华人企业家，登顶具有世界企业界奥斯卡之

誉的"安永全球企业家大奖"。目前在福耀集团中，曹德旺的大儿子曹晖任公司总经理，同时兼任福耀北美玻璃工业有限公司总经理。曹德旺的其他子女均不在福耀集团工作。其家族谱系图见图7-2。

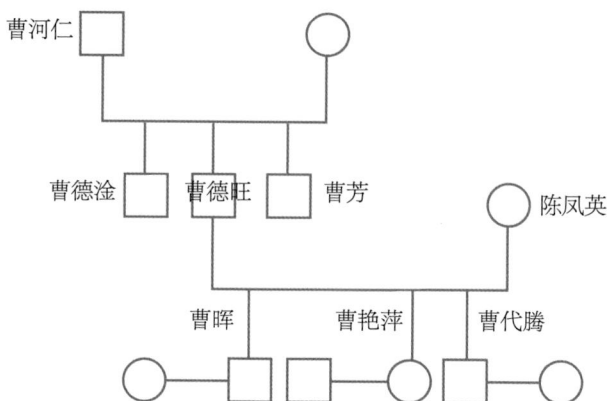

图 7-2　福耀集团家族谱系图

一、家族创业史

1. 家产被骗，种田为生

曹氏家族世代经商，是福清当地的望族。父亲曹河仁曾在日本和上海经商，是上海著名的永安百货股东之一。1946年，曹德旺出生于上海富商之家，祖上来自福建。次年，随着解放战争接近尾声，曹家回到了福建。曹德旺说，由于在途中被骗，家里几乎在一夜之间陷入贫困。他解释称："我爸买了一条船，把全家的资产放在那个船上面。因为那个船太小，怕晕船，就雇人家开回来，而我们全家坐游轮回去。"但当他们一家抵达福建时，装载家庭财产的那艘船却没有出现。"没有开回来。开船人说沉掉了。"在失去了一切以后，他家被迫种地谋生。曹德旺说，他9岁上学，但14岁就不得不辍学，因为家里供不起了。结果，他成了放牛娃。曹德旺说："那时候种田非常辛苦，跟你们（现在）种田是两种概念。连饭都吃不饱。（我当时的梦想是）离开那个地方，一定要离开那个地方。"后来，他开始自学，借助一本字典学习阅读中文必须认识的数千个汉字。他还开始了自己的第一份生意，通过买卖烟草脱离贫困。曹德旺说："反正一天可以赚2到3块钱。"他补充称，他必须想方设法地躲避警察，因为私人经营在当时是被禁止的。

2. 开卖水果，随后创业

在"文化大革命"期间，曹德旺开始卖水果。曹德旺说："（'文革'期间做生意）没有（遇到麻烦）更好做了，（因为）没有政府啊，那个日子倒是好过。""文化大革命"结束后，他在一家生产水表玻璃的工厂找到了工作。之后在1983年，他时来运转——因为工厂当时亏损，当地政府同意将这间工厂出售给他。于是，他用卖烟草、水果和其他商品攒下的积蓄买下了这家工厂，并成功地在一年之内扭亏为盈，实现了20万元的利润。曹德旺说，自己的发家必须归功于邓小平的经济改革——20世纪80年代，新的改革措施密集出台。"大家都不相信改革是真的，还好之后中国政府进一步推动改革。"此后，他继续生产水表玻璃。

3. 转变方向，公司上市

在1985年，他改变了经营方向。他了解到，日本企业正在中国生产汽车玻璃。日本人生产的玻璃一块要卖数千元人民币，这在当时的他看来简直"无耻"。他成功地以每块50元人民币的成本生产出了玻璃板，并按照每块1500元人民币的价格销售，赚取了远超之前业务的利润。1993年，他带领福耀玻璃在上海证交所发行上市，总部设在福建省。该股的初始交易价格约为每股1.3元人民币，全球金融危机前最高曾冲至19.19元人民币。

4. 放眼国际，开拓市场

在福耀玻璃上市几年后，曹德旺成功地说服本田（Honda）和大众汽车（Volkswagen）成为自己的客户。中国政府有关在华生产汽车零部件国产化率必须达到40%的规定，也帮了他一把。虽然中国企业在产品质量方面并没有稳定的声誉，但曹德旺从发展初期就开始着手应对这一挑战。他说："给本田、大众做玻璃，你质量不如它，你肯定是不行的。现在我的玻璃，在全球产量是第一大的。"

曹德旺将自己的成功归功于喜欢努力工作，这是他在穷困时形成的习惯。他说，自己在超过20年的时间里每天都工作16个小时。虽然上学只上到了初中一年级，曹德旺平日里还是博览群书，他经常鼓励年轻人要多读《四库全书》。在曹德旺的办公室里，放着一本巨大的《金刚经》，办公桌的一旁放着孙子的照片。"我的家庭很幸福，我老婆很善良，她不管事，你怎么定都行。我三个孩子也非常争气，不赌钱，连烟都不抽，很朴素、很敬业。"

二、家族信仰和价值观对慈善捐赠行为的影响

家族企业是家族与企业的结合体，企业的行为会受到家族因素的影响。笔者与博士生导师于2014年7月份到福耀集团总部对曹德旺先生就慈善事业的相关议题进

行了面对面访谈。从访谈过程中我们得知，家族信仰与价值观对曹德旺的慈善捐赠行为影响深远。

曹德旺家族三代信佛，佛教对其慈善捐赠行为产生了非常大的影响，在曹德旺看来"慈善这个事情是人的一种内心的善良，必须有爱心、善心、怜悯心。做善事要有气度、有修养，慈善不是捐钱，是提高自己的境界，终极目的是促进社会和谐"。他"真正捐钱从1983年开始，1983年到现在共捐了60亿元现金"。曹德旺说："我很自豪地跟你讲，我曹德旺不以营利为目的，我赚了钱就拿去捐掉。我们追求的是一种境界，是一种理想。我捐不起不要捐，只要有人品有人格不捐钱也是伟大的。"他认为："佛教'六度'云：布施、持戒、忍辱、精进、禅定、般若。其中做善事即为布施，布施又分财施、法施和无畏施，其中财施功德最小。因此，慈善并非只是钱财捐赠，对旁人的一个微笑，真诚地去关心他们，皆为慈善。"曹德旺相信佛经里的因果，"有因就有果"。在他的办公室，放着一部金刚经，整张桌子大，当问到他"以前有没有想过，后来能够挣到钱，能够做这么大"的时候，他表示"做慈善在我骑单车帮人家做时，就是最狼狈的时候就开始了，多少钱都会拿去捐，这个从小到大都有捐。会做这么大也没有想过，这也是佛祖福报"。

2012年5月8日，胡润研究院发布《2012胡润慈善榜》，曹德旺（家族）以最近一年36.4亿元的捐赠额蝉联"中国最慷慨的慈善家"称号。2014年9月23日上午，中华慈善总会成立20周年纪念会在北京举行，同时向获得"中华慈善突出贡献奖"的单位和个人进行表彰，曹德旺获"中华慈善突出贡献个人"奖。曹德旺行善，早已名声远播。在他的行善足迹中，有大笔金额的捐赠，如向西南干旱地区、青海玉树以及汶川地震灾区、福州海峡图书馆等的捐款；也有对身边人的小额资助，譬如赠送某闽北农村贫困家庭一头牛。但是对于中国慈善界而言，之所以给予曹德旺如此之高的盛名，是因为他创立了"河仁慈善基金会"。

自2009年3月曹德旺先生提出捐赠股权设立慈善基金会以来，得到国务院领导和中央各部委的高度重视，引发了政府有关部委在诸多政策上的通力合作和全国公众的广泛关注，历经两年多的努力，中国股权第一捐终告成功。2011年5月5日，在河仁慈善基金会成立大会上，曹德旺先生与其妻子陈凤英女士，正式宣布向河仁慈善基金会捐赠所持福耀集团3亿股股权，总价值35.49亿元人民币。基金会的名称来自曹德旺先生的父亲曹河仁，此名称中蕴藏"上善若水，厚德载物"之意。它的成立，为中国慈善事业的未来写下了浓墨重彩的一笔，其意义远超河仁慈善基金会成立的本身。基金会目前已向社会捐赠多个公益慈善项目，覆盖助学、扶贫、救灾、公益传播与研究等领域。曹德旺表示："后面我们会做环保，河仁基金会跟保尔森基金合作在中国做湿地保护研究。"

三、案例小结

社会责任的履行符合家族企业的长远利益。随着改革开放的推进，在历经多轮洗牌后，有些家族企业因经营不善退出市场，而成功发展起来的家族企业逐步站稳脚跟，有些甚至已经成长为多元化、跨国经营的家族企业集团。随着家族企业经济实力的增强，绝大部分家族企业已经具备承担社会责任的能力和条件，也都不同程度地承担起了社会责任，得到了社会的认可和好评。尤其那些已经成功完成代际传承和转型升级的家族企业，把履行社会责任作为企业长期发展的重要任务之一。

正如国际家族企业协会亚太分会主席、新加坡万邦集团主席曹慰德先生以自己家族为例所说明的，真正的家族企业是希望世世代代延续下去的企业。他们所持的观念必须是持续发展的，而持续发展就离不开责任感。他认为，家族企业超越家族本身承担社会的责任是家族企业延续发展的应尽之义。很多家族企业积极参与公益、教育、扶贫与发展、医疗卫生、环保等事业，为改善人类生存环境而努力。越来越多的家族企业开始考虑财富除了经济价值之外的价值，不仅关心创造财富，更关心自己辛勤获得的财富如何能够找到更好的归宿。家族企业除了在教育、扶贫和救灾等领域进行捐赠，有些家族企业甚至成立了慈善基金会。

这在曹德旺（家族）及福耀集团的慈善践行中得以体现。曹德旺说："我是一名企业家，今天取得的成绩都是在社会各界的共同努力下得来的，因此，在社会需要的时候就应该还给社会，把财富用于最需要帮助的人。"正所谓"发展自我，兼善天下"。

（执笔：陈华丽）

●●●● 案例三　义乌宾王集团：二代助力下的家族企业多元化

浙江宾王集团是位于义乌的一家专业从事研发、生产扑克牌的大型企业，是中国扑克行业的三驾马车之一，年销售额接近4亿元人民币。秉承着"打造牌友最信赖的世界好牌，传递和谐社会的娱乐文化"的企业使命，宾王集团开发出40多种扑克牌产品，不仅为拉斯维加斯等世界著名娱乐城生产专用扑克，也获得了国际扑克界的多项荣誉。目前创始人楼先生担任集团董事长，二女儿楼晓康负责新成立的毛纺事业部，并开始多元化尝试。楼晓康的弟弟在宾王扑克任销售总监。其家族谱系图见图7-3。

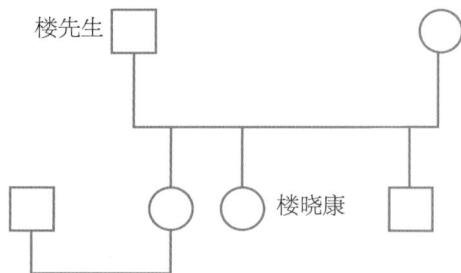

图7-3　楼氏家族谱系图

一、从合伙到家族，做小市场的赢家

20世纪80年代中期，宾王创始人　楼先生从帮别人卸货打杂做起，慢慢开始自己倒卖小百货。他渐渐发现，我国四川、重庆等地区对扑克牌的需求十分强劲，常常出现供不应求的情况。发现这个市场机会之后，楼先生就开始四处筹集资金，和他人合伙开办了义乌扑克厂。由于市场需求的旺盛，产品很快打开了销路。随着企业的发展，楼先生意识到了企业财务控制的必要性。没有学过相关知识的他，开始自学会计和财务，并凭借自己的努力以满分通过了会计资格考试。在随后的创业过程中，他一直牢牢把控企业的财务大权。他认为："身为企业家，一手抓市场，一手管财务是必需的。"

1996年，楼先生离开了义乌扑克厂另起炉灶，创办了宾王扑克。虽然最初成立时宾王也是合伙制企业，但楼董事长坚持自己必须是占股50%以上的第一大股东，而且在企业的关键岗位（如会计、出纳等财务岗位）上必须有自己人。随后，楼太太及其长女都相继进入企业管理财务工作。尽管宾王扑克成立时间不长，但由于专注扑克牌这一细分市场，经过10年不断的市场拓展和产品创新，到2006年已经是位于国内扑克牌行业前十的知名品牌。

此时，宾王扑克内部关于公司未来的发展方向产生了分歧：一种意见认为应该开展多元化过程，进军房地产、投资等新行业，赚取更高的资本回报；另一种意见认为应该立足主业，打造扑克牌领域的第一品牌。几经思虑，楼董事长决定还是坚持扑克牌主业，做细分市场里的隐形冠军。他的理由如下：首先，从2005年到2007年，国内扑克牌消费量的年复合增长率都在20%左右，行业发展形势良好。宾王2006年的销售量虽然已经达到行业前十，但相比于行业大佬上海姚记和宁波三A仍有不小的差距。其次，房地产市场虽然风头正劲，但是对资金的需求量超过了宾王自身的造血能力，而大量举债的高杠杆经营模式显然是强调财务控制的楼董所不愿意的。

通过收购职业经理人的股份和拆分不同的厂区，截至2007年年底，楼氏家族掌控了集团100%的股份，进一步加强了家族对企业的控制，并统一了公司内部的战略分歧。目前，宾王集团的年销售额在4亿元左右，稳稳占据扑克牌行业的第三把交椅，尤其是在其发迹的四川重庆地区，市场份额遥遥领先于竞争对手。

二、传统企业的转型困境

截至2010年底，我国扑克牌生产企业约有100多家，大多数集中在长三角地区。其中尤其以宾王、钓鱼、三A、三兔、万盛达、姚记这6大扑克品牌最为突出。业内研究报告指出，随着国民收入水平提高，人们的闲暇时间和娱乐消费也会随之增加。未来5年，国内扑克牌的年销售量将由40多亿副上升到70亿副左右。市场容量的扩大将为具备规模和品牌优势的企业创造更好的发展机遇。

尽管发展机遇良好，但扑克牌行业内的竞争格局已十分稳定，而且随着人们娱乐休闲方式的转变，长期来看市场的发展仍存在不小的变数。2011年，姚记扑克在深圳A股成功上市，进一步巩固了其扑克牌行业老大的地位。作为一个细分产业，扑克牌总体市场规模有限，资本市场已不大可能接纳第二家以其为主业的企业。因此，宾王借力资本市场挑战现有行业位次的希望十分渺茫。同时，随着桌游、手游的发展，年轻一代的休闲娱乐方式正朝向电子化、智能化转变，传统的纸牌游戏渐渐不再受青睐。因此，长远来看产销终将饱和，扑克牌总体市场规模甚至会逐渐萎缩。

此外，小百货行业传统的代理加经销的多层营销网络也不能适应现在的商业运作模式。逐层的代理经销商不仅拉长了从产品到消费者的流通链条，盘剥了生产企业的利润，也增加了生产企业的资金压力。小百货企业多采取垫付货款的方式笼络大型经销商和区域代理商，导致应收账款占销售额比重过高。近两年，由于整体经济环境不景气，应收账款的回收期也越拉越长，这给生产企业的现金流带来了很大的压力。

在行业内部竞争固化、整体产业规模趋向饱和、营销模式逐渐过时的背景下，宾王集团面临着传统小百货生产企业的典型困境，急需寻找新的市场机会，实现企业的转型升级。

三、从扑克到毛巾，渠道优势的再开发

2011年，深感企业转型紧迫性的楼董事长召回了在会计师事务所工作的次女楼晓康，并让其负责新成立的事业部，寻求新的市场机会。宾王最核心的资源在于近20年

构建的经销代理渠道,他们客户中很大一部分是小百货业主、连锁超市和便利店。这些客户往往也兼卖毛巾等日用品,若以此为突破口就可以利用现有的销售渠道来分销新产品。此外,毛巾和扑克一样也是较少受到经济周期影响的产品,但市场规模又比扑克牌更大,符合宾王的稳健发展战略。因此,楼晓康决定以毛巾作为多元化的试水。

2011年的年度订货会上,宾王的100多位大客户都收到了一份调查问卷,询问他们的销售渠道中是否兼营毛巾及相近家纺类日用品。结果显示,50%的客户的销售渠道中已兼营毛巾类产品,80%客户的销售渠道能够兼营毛巾类产品,如果宾王上马毛巾项目,也愿意提供渠道支持。得到现有分销渠道的支持,宾王决定启动毛巾项目。

楼晓康带领宾王扑克的设计师孙慧平深入调研了河北保定、高阳一带的毛纺生产基地,在不到两个月的时间里走遍了上百家企业,熟悉了毛巾生产的材质、工艺、印染等各个环节。在此基础上,楼晓康亲自设计了一份四件套毛巾套装,外包生产后作为2012年度订货会上的赠品送给公司大客户。由于品质上乘、设计精美,这套毛巾赠品受到大客户的好评,同时也传达了宾王拓展毛巾事业的信号。小试牛刀之后,2013年年初,宾王正式成立了毛巾家纺子公司,并由楼晓康出任总经理。

四、二代助力下的艰难转变

正式掌权毛巾项目后,楼晓康发现多元化之路远非之前预计的那般顺畅。第一个挑战就是生产和品牌的权衡。国内毛巾行业鱼龙混杂,既有知名运动或家纺品牌的衍生品,也有日本的内野等毛巾行业的国际知名品牌;另外,国内的洁丽雅、金号也占据不小的市场份额。然而,从消费者认知来看,并没有形成稳定的品牌忠诚。从生产上看,外包为主,河北的毛纺中心垄断了国内70%以上的产量。因此,是建立产能基地,以工艺创新为市场切入;还是打造专属品牌,以品牌特色切入市场成为摆在楼晓康面前的第一个难题。

经过仔细的成本核算,她决定采取自己设计研发、外包生产印染的方式。"如果宾王自己建厂生产毛巾,我们初来乍到,成本要高出1.5元左右。而我们目前没有足够的品牌优势来消化这个差价",楼晓康如此解释。但由于对毛纺工艺的不了解,宾王的很多设计不能在产品上实现,即使能实现,产品的价格也会大大超出市场的承受能力。为了尽快熟悉这个行业,楼晓康买来市面上能买到的所有不同材质、不同品牌的毛巾产品,逐一研究他们的设计、材质与工艺。经过了近3个月的学习和调研,宾王的第一批产品问世。

迈过了生产门槛,销售问题接踵而来。虽然之前的调研显示,大部分宾王分销商和代理商愿意且能够销售或代理毛巾，但在实际执行过程中却面临重重阻力。大部分代理商并没有销售毛纺用品的经验，只是凭空做出的口头承诺。当楼晓康带领团队真的找上门来洽谈合作时，往往发现对方对毛巾缺乏兴趣，或者缺乏直接配送消费终端的能力。此外，小百货分销的先出货后付款的模式也让楼晓康头痛不已。宾王扑克在销售过程中垫付货款和铺地资金占到很大一部分比例，并以此赢得了诸多大客户的青睐和忠诚。但是，对于刚刚起步的毛巾子公司来说，大量的垫付货款对现金流提出了严峻挑战，而且由于大分销商、代理商多是在楼董事长打天下时跟着他干了十几年的生意伙伴，即使拖欠货款，作为晚辈的楼晓康也不好多加催促。在这样的情况下，楼晓康决定放弃宾王扑克积累的分销网络，开发新的客户资源。而在这一点上，父女俩的观点发生了严重的分歧。楼董事长认为有钱应该大家一起赚，有多年合作的交情在，应该拿出三顾茅庐的精神让利客户，共同把宾王的毛巾事业培育起来。而楼晓康则认为，当原有的分销网络明显不能达到理想效果时，尽力维系不如另辟蹊径，同时还能摆脱行业内部大量垫付货款的桎梏。

"虽然那些大客户都是和我父亲合作了十几年的叔叔伯伯，但是作为新事业部的负责人，我必须为宾王家纺的未来考虑。小百货行业原有的分销代理模式无论从营销上还是从财务上都十分过时，我必须一开始就从根本上摆脱这种束缚。"扑克牌作为休闲娱乐产品，客户在购买时往往依照便利原则，且产品重复使用率较低。而毛巾作为与消费者生活息息相关的日用品，重复使用率高，且产品的设计和质量都将直接影响用户体验和重复购买行为。因此宾王毛巾必须缩短产品与消费者之间的链条，最好能直接与消费者沟通，这样才能获取消费者的反馈，构建宾王家纺的品牌形象。

在据理力争说服了父亲之后，楼晓康开始有条件地筛选现有客户，从中选择了10位优质分销商作为长期合作伙伴。她同时约定所有货款必须当期付讫，最长回款期不得超过一个月。此外，她将大部分精力投入了电商平台。由于扑克牌产品的特殊性，宾王集团多年来一直没有涉足电商领域。楼晓康不得不再一次从零开始。得力于国际商贸城的发展，电商人才在义乌大量聚集，楼晓康很快融入电商的具体操作之中，并向其他电商企业的运营主管广泛取经。2013年年底，宾王旗舰店在天猫开张。2014年上半年，电商平台已经完成了200多万元的销售额，占到了宾王家纺子公司半年销售额的50%。

回顾宾王家纺两年多来的发展，楼晓康感叹道，自己从一个只知道埋头执行的富二代转变为一个寻找机会的创业者，独立负责子公司让她感受到了企业领导者的责任与压力，更能够理解自己的父亲。"现在一个星期工作的强度、压力是以前在宾王扑克一个月的工作都比不了的。虽然现在工作很辛苦,但是每天都是累而充实的。"她认为,在瞬息万变的互联网时代,家族企业的年轻一代学习能力更强,对新的市场趋势把握得更加准确,更敢于挑战现有的约定俗成的行业模式,往往能走出一条与父辈截然不同的创业之路。

（执笔: 王健茜）

●●●案例四　台州黄河吹塑集团传承案例研究[*]

台州黄河吹塑集团始建于1992年,位于中国最大的塑料模具王国——浙江黄岩,是吹塑行业的领军企业。公司年产值1000多万元,年生产能力达到8000吨,有员工30余人。公司设备齐全,拥有大、中、小各型号设备10台,业务涵盖模具、试模、生产加工及代客研发。公司的产品主要包括各种类型的儿童教育玩具、伞座、广告旗座、体育场馆座椅、塑料托盘、汽车配件、按摩椅配件、公路设备及大型容器等。公司拥有黄岩地区最大、最先进的中空吹塑设备,可生产长2.8米、宽1.2米、净重30公斤以下的各种规格吹塑产品。由于生产的产品种类多、产品质量好,企业在黄岩地区有一定的影响力

1992年企业成立后,创始人老王总担任总经理,妻子承担财务工作。2010年前后,老王总的独子王建坤从澳大利亚求学归来,接手了企业,现担任企业的总经理,全权负责产品制造与客户订单等核心业务。其家族系谱图见图7-4。

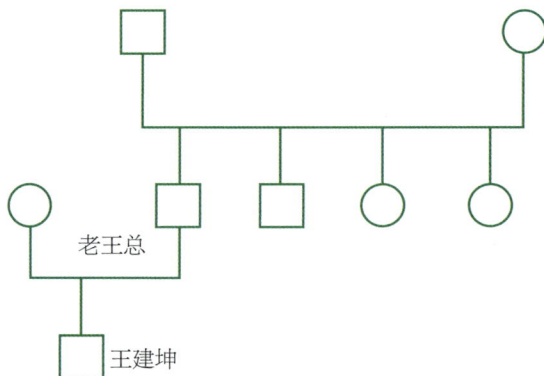

图7-4　黄河吹塑集团家族谱系图

---

[*]为了保护当事人和企业的隐私,文中涉及的所有名字均作了处理。

一、家族创业史

1. 1992—1995 年：掌握核心技术，长江吹塑成立

老王总先前在发电厂工作，主要负责与机械方面联系紧密的车床生产工作，并对机械深感兴趣。20世纪90年代初期，制作方形的塑料瓶存在技术上的瓶颈：由于自然重力的作用，制成的料胚通常会上薄下厚。老王总克服了此技术难题，利用油缸的作用使料胚厚度均匀。1992年，由于掌握了这项核心技术，老王总在发电厂停薪留职后创建了黄河吹塑，生产包装药剂的塑料瓶、塑料桶等容器，掘取了创业的第一桶金。

2. 1996—2009 年：稳步发展，奠定行业领先地位

工厂在刚成立时总是充满艰辛，厂房是租来的，仓库是自己搭建的，但在老王总的坚持和努力下，经过十几年的稳步发展，黄河吹塑已成为黄岩地区有影响力的企业。

在生产过程中，吹塑工艺的应用与调试都需要由技术人员来完成，所以经验丰富的员工显得尤为重要。厂里现有三名经验丰富的员工，他们在管理方面有很大的自主权，主要担任厂长或车间主任的职务，属于核心团队。在十五六年间，企业生产的产品也从当初单纯生产塑料容器转型为生产儿童教育玩具、伞座、汽车配件等多种产品的企业。公司也拥有黄岩地区最大、最先进的中空吹塑设备，可生产大型吹塑产品，产品重量最高能达到几十公斤，在同行业中处于领先地位。

3. 2010—2014 年：新生代接班，向模具与贸易拓展

王建坤，老王总的独子，本科及硕士均就读于澳大利亚，专业与金融相关。他已拿到澳大利亚绿卡，转为澳大利亚国籍，但没有选择留在澳大利亚，而是在毕业后回国接手了企业，现任黄河吹塑总经理一职，全权负责产品制造与客户订单等核心业务。

在王建坤接手企业后，在企业原有的业务范围之上，向模具和贸易方面进行横向拓展。企业是以加工塑料用品为主，如汽车零件等，产品抽象。为了更好地推广产品，王建坤想到了创新与改进。改进之一就是制造模具，因为模具是做任何产品的基础，制成后就可以生产其他产品，这样在推广时会比零件类容易一些。另外，公司还向贸易公司方向进行拓展，目的在加工零件的基础上，将自己生产的产品外加其他企业的产品打包在一起直接出口，这样既节省人力物力，又可以赢利。

二、家族健康对企业健康的影响

1. 和睦的家庭关系

王建坤的家庭属于中国普通且和睦的三口之家。老王总出生于1955年，是个

特别稳重的人。和一般的企业家不同，他的性格比较保守，不太会享受生活，很少出门，喜欢待在自己的世界里。1992年企业创立后就独自打理企业，并通过自己吃苦耐劳的精神和高效的管理模式把企业办得蒸蒸日上。老王总的妻子在厂里负责财务工作，余下的时间用来相夫教子。夫妻俩相濡以沫，关系融洽。

与父亲一样，王建坤也是一个稳重的人，做事稳健而坚定，对企业和家庭有强烈的接班意愿和责任感。同时，他是一个孝顺的人，在与父母相处的过程中，认同父母的事业和关系地位，和父母亦师亦友，关系平等，同时对父母有敬畏之心，做事会考虑父母的想法。

王建坤从初中开始在杭州求学，虽不在父母身边成长，母亲每天或隔天都会给他打电话，沟通频繁。在他出国后，沟通也从未间断。王建坤说，出门在外更想和父母分享自己的想法。这样的沟通方式在他接手企业之后更能显现出优势。在接手的过程中，若出现问题他会先跟父母商议，找到合适的解决途径共同实施；同时也让父母了解自己的想法。就算是当他和父母意见相左时，他也会选择一个柔和渐进的过程与父母进行沟通。例如，在做模具的时候，父亲会认为他没有经验，认为不是什么事情想做就可以做的，要考虑前因后果。王建坤会考虑父母的想法，在不触动原有根基的前提下，循序渐进地向模具和贸易方面进行拓展。

2. 家庭教育的影响

虽然是家中的独子，且家境优越，但一直以来老王总从不骄纵王建坤，而是让他自己在生活中摸索、成长。从初中开始，王建坤就被独自送到省城读书，从小成长在外，再加上澳洲生活的锻炼，造就了他独立的性格。在澳大利亚学习的过程中，王建坤也在不断探索企业日后的发展航向。在王建坤的眼中，父亲是个"知足者常乐"且有责任心的人。父亲经常说的一句话是："到目前为止，土地和厂房也是自己的，又买了几套房子，从白手起家到企业发展到现在日子已经很好了，还是很有成就感的，在生意稳定的情况下，不想贸然拓展公司的业务，将几十年的心血毁于一旦。"

王建坤说，父母给自己创造了优良的家庭条件，可以有机会出国深造；又有这样一个企业可以接手，相对于其他人来说，这是一个很好的起点。父亲也一直教育自己要"知足者常乐"。自己也想秉承父亲的精神境界，但企业要与时俱进，自己也要具备踏实肯干、勇于探索的精神，这是实现企业发展最基本的保障。

3. 子辈性格的遗传

在黄河吹塑，老王总稳重、不冒进、风险意识强的性格都被王建坤遗传了下来，他也是个性格稳重、做事稳健而坚定的人。他身边同龄的"创二代"都很浮躁，想通过高风险的投资去揽财等"乱来"的情况下，王建坤还能坚持自己的原则，知道自己想要什么。他说，虽然这种"乱来"的行为在台州很普遍，但他不会羡慕那些通过高风险等冒险的方式挣到钱的人。他不会看到一个项目可以赚快钱，就去银行借贷资金，因为这始终不是长久之计，而且他不喜欢这种大起大落的生活方式。但是如果接到一个很好的项目，他会和家人商量后再进行投资。

王建坤也是一个风险意识极强的人，不想将父母一辈子的心血毁于自己的冒进。所以在再创业的过程中，他一再降低风险。为了在不触动原有根基的情况下稳定拓展业务，模具订单主要通过网络推广，接到的订单会交到别的工厂去做，或者是临时搭个厂房去做。如果业务稳定，再去考虑是否适合设立工厂进行生产。这样的推广方式不会过多占用工厂的资源，且风险系数低。贸易公司也会采用类似的方法，循序渐进、稳定拓展。

三、案例小结

黄河吹塑集团的健康发展离不开老王总与王建坤的共同努力，企业的接班属于传统且常见的子承父业式。作为一名新时期的"创二代"，王建坤除了秉承父亲的创业精神以外，正以自己全新的思维方式来打造企业。黄河吹塑作为家族企业中的"正能量"，是由多种因素共同作用的结果。

首先，和谐的家庭氛围产生家族凝聚力。"家和万事兴"，黄河吹塑集团之所以能够健康发展，与王建坤一家的"家和"是分不开的。父亲白手起家创建了企业，并在其打理下稳步发展；母亲管理财务并相夫教子，夫妻俩相濡以沫；儿子留学归来后子承父业，一切水到渠成。另外，家族成员间善于沟通，也为家族和谐搭建了桥梁。家庭中的沟通可以增强对彼此的了解，消除隔阂；工作上的沟通可以在做决策时趋于理性，使决策更加准确、科学。在黄河吹塑集团，王建坤在接班过程中，若出现问题会先跟父母沟通，听取合理的建议和解决途径，使做出的决策更加准确。

其次，父辈的言传身教，彰显企业家精神。企业家精神是一个企业最为核心的无形资产，这种精神可以跨越时代、行业，是家族企业健康发展的强大根基。受到创始人老王总创业精神的长期熏陶和言传身教，王建坤也有了从商的想法，故回国后接手企业变得水到渠成。父亲对王建坤的教育，在这位年轻的"创二代"身上打下了烙印，并被他应用到企业的文化以及拓展等多个方面。在日常生活的潜移默化中，父亲也教给王建坤很多做人的道理，对其造成深远的影响。

第三，准确的产品定位，凸显竞争优势。只有对产品准确定位才能准确制定企业的发展战略，并彰显出竞争优势。与目前很多企业试图把企业做大做强、面面俱到的策略不同，黄河吹塑集团是一家"专一"的企业。自成立以来，其只生产吹塑工艺产品这一个品类，以优质的服务和质量回馈客户。这种"专一"，成就了他们稳定的客户群体与良好的行业声誉，彰显出竞争优势。

最后，勇于创新的理念，企业稳步拓展。在企业的发展和转型过程中，后代能否给企业带来创新也是企业能否持续健康发展的关键。可喜的是，王建坤不仅继承了父辈稳重、不冒进的企业家精神，也具备了善于学习的开拓创新精神。企业家的创新精神需要强烈的社会责任感，并须兼顾个人、企业和社会的利益。王建坤在不触动原有产业的根基的情况下，兼顾企业和社会的利益，向模具和贸易两方面稳步拓展，为企业日后的产业升级与转型奠定基础。

（执笔：张玮）

●●● 案例五　义乌典雅织造：典秩崇三礼，雅才非广求

义乌市典雅织造有限公司是一家集研发、生产、营销为一体的织造企业。公司由金敏贞女士于2003年一手创办，并在其苦心经营下不断发展壮大。到目前为止，公司员工人数为60余人，年销售额2000万元。公司拥有织造机100台，主要生产有色织带、缎带、圣诞带、雪纱带、提花带、松紧带、提花松紧带等，并同时承接设计开发、来样定做、来料加工等业务。现在典雅织造主要由创立者金敏贞经营，其丈夫和弟弟、妹妹不在厂里工作。其家族谱系图见图7-5。

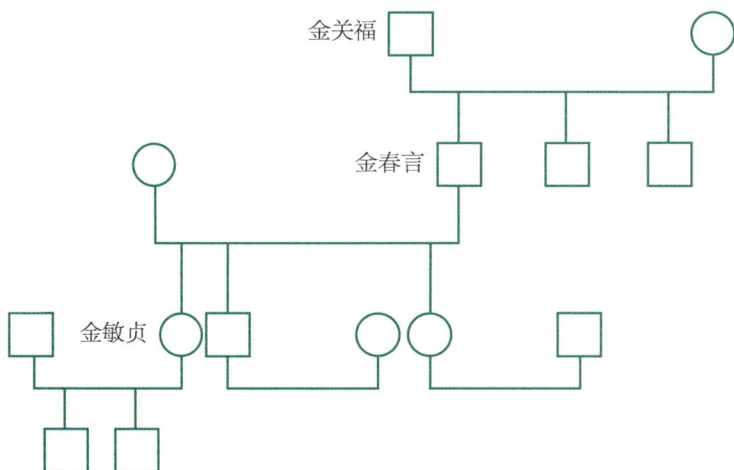

图7-5　金敏贞家族谱系图

一、家族创业史

1. 从小被熏陶的经商头脑——1.5 代创业者

金敏贞出生在义乌的一个三代经商家庭，其祖父金关福有过在国民党军校受训的经历，并曾经做过国民党的会计。新中国成立后，他依靠养鸭子积累了最初的积蓄，改革开放后又开始做布料加工再销售的业务。"当时祖父包括我的父亲每天早上都要三四点钟起床，每隔一段时间到上海进一些布料，拿回村子里自己加工成围肩、袋子的连带等进行销售。"金敏贞19岁高中毕业后回到自己家的店里帮忙。那时候的她，算是一个"知识分子"——可以帮助家里记账。由于祖父、父亲辈几乎不识字，他们不能把每天的营业额/出货量、每段时间的进货量等数据记录下来，金敏贞就成了店里的"总会计师"。然而，她觉得自己只是一个机械的会计——只会做数学，而用什么数字加减得到有用的店铺业绩，还需要听祖父的。随着时间的积累，耳濡目染的金敏贞逐渐体会到：只有知识和经验共同发挥作用，才是对经商企业帮助最大的。对此，她的理解是："缺少经验，知识就没有了寄主；缺少知识，企业不可能做得更大，同样经验也不可能得到传承。"

2. 在送货中抓住商机——用嫁妆创业

1996年，金敏贞嫁给了同在义乌做纺纱生意的丈夫，日益丰盈的金家给了女儿30万元的嫁妆。过门之后的金敏贞，帮助丈夫家打理纺纱的生意。她跟丈夫经常给自己的客户送货，这些客户采购他们的纺纱，然后用廉价的机器（价值1万~2万元）制成成品再出售。在与客户交谈中，金敏贞得知，因为机器落后，她客户的客户经常抱怨，拿到的成品在品质等方面并不非常理想。而后她了解到，如果想要生产出更优质、满足价值链终端客户需求的产品，必须购买大约20万元左右的机器对纺纱进行加工。于是，金敏贞找到了创业的商机——做价值链终端消费者的生意。金敏贞的这次商机把握，不仅仅实现了再次创业，而更重要的是发现了"微笑曲线"的奥妙。

2003年，金敏贞决定出资购买更好的机器创办织带厂。然而，刚开始她并没有得到夫家的支持。但是，自称"成功人士都有那么点倔强"的她，决定拿出30万元嫁妆和另外筹得的30万元，全部投入到购买机器中，正式开启了创业之路。

3. 蝴蝶破茧——走过创业最艰难岁月

与大部分的创业者一样，创业的刚起步阶段是最艰难的。安置设备、雇用员工、创建体系、开拓市场，所有的这些都不能缺少一样东西——现金。对于金敏贞来说，她最开始投入到创业的资金，九成以上都花在了购买机器上。所以在2004年左右，她的现金流捉襟见肘。在最艰难的年份的年底，由于面临各路货主的催债，她曾因为无力归还7000元货款而流泪。

21世纪初，义乌的银行还极少能以机器作抵押从银行贷款。当时，金敏贞没有自己的房屋或土地，原本想向银行借贷15万元的愿望一直没有实现。而当时的夫家依然反对其创业而不肯出手帮助。无助的金敏贞，想到的只有自己的父亲。但是，她并没有直接向父亲借钱，而是让父亲作为银行贷款担保的第三者，才得以借到了15万元现金。她自己说："如果我直接向父亲要……你永远不会走出来。女人自己漂亮就靠男人（那不行），自己真要成长，自己得血流出来，一滴一滴印出来。女人不要想简便方法，女人不该依赖别人。心路历程是自己走出来的，不是靠出来的。"

二、家族健康对企业健康的影响

1. 家庭教育对创始人的影响

（1）勤劳："女孩子应该是会打扫的"

家庭教育对金敏贞的影响首先表现在勤劳上。小时候的金敏贞，每天都看到自己的祖父、父亲收货收到半夜12点钟，第二天一早4点钟又起床。他们苦心经营着布料的生意，为一家人的生活奔劳。在家的金敏贞被父亲要求，打扫卫生必须一尘不染。冬天天气很冷时，父母对她说，你去把家里从三楼到一楼打扫一遍卫生就不会冷了。现在的金敏贞在谈到女孩子的性格素质时这样说："女孩子会打扫、整理是非常重要的，这不仅表现在个人生活上，会整理的女孩子对细节更有把握，这样以后才会做计划，做战略也是能拿捏得了的。"

曾国藩认为子女教育中"以习劳苦为第一要义"，他提倡首先要讲究两个字："早"和"扫"。早，就是事事要赶早，要勤于劳动，勤于读书、工作。扫，就是要天天打扫环境，扫除客观和主观的灰尘。金敏贞的家庭教育中，"早"是从耳濡目染中学到的，而"扫"，则是自身每天要做的。

（2）志气："苦过的人，志气才会长出来"

金敏贞一直强调，人受过苦对其成长的帮助是极大的。小时候，她奶奶经常给她讲上世纪50、60年代因为家里穷而向富亲戚借米看别人脸色的故事。她的奶奶告诉她，人最好自己有本事，最好不要去求人，但求于己。

经历过创业最初阶段的艰辛，同时得到了父亲的帮助，金敏贞明白：在困难面前，不能畏惧。心静下来，一步一步规划，即使是面对死亡，有之前的规划，才可能给救你的人提供更多一些的时间。她描述了她母亲的话："一定要尝过苦头，志气生起来，才会创业。一定要受过挫折，挫败感越强的人，以后才会干大事。"

古语有言：志之所趋，无远勿届，穷山复海不能限也；志之所向，无坚不入，锐兵固甲不能御也。金敏贞坚定地认为人必须有梦想,有实现梦想的志气,创业才不会轻易放弃。

（3）宽容:"把事情闷下来"

小时候的金敏贞在学校时一件东西被偷了,回到家里跟母亲讲说:我知道是谁偷了我的东西。但是,她母亲说:"这种事情,你没有确切的证据与把握,不要去讲。你还是把它闷下来。"这在我们现在看来可能并不是合理的举动,当时对金敏贞的影响可能也是极深的。在这件事情上,她认为学到的是宽容,不去斤斤计较。或许除此之外,她还在小时候懂得了另外一个道理,吃亏是福。

古人言:以责人之心责己,则寡过;以恕己之心恕人,则全交。创业的人需要这种大肚能容的度量和胸怀。

2. 家族健康对企业发展的影响

（1）对企业商品定位的把握

创业之初,典雅织造便定位于为终端消费者提供比普通产品更优质的服务。这和金敏贞父亲教导的把事情做精分不开。典雅织造成立以来,一直只做一个品类。金敏贞对此的理解是:"无论是国内还是国外,典雅的丝带只有一个品类。把一个事情做精,放弃(一些)才有得到(自己想要的)。人的欲望太大,选择太多,反倒路走得不好。"这与战略管理中的专一化战略是相一致的。专一化战略即是围绕着很好地为某一特殊目标服务这一中心建立的,它所开发推行的每一项策略都要考虑这一中心。

目前国内的很多企业都在试图把企业做大做强,企图满足市场的所有需求,而这样的企业往往会面临战线过长过大,导致最终的失败。而一家聚精会神的企业,在某一个方面做好、做精,就能成为业界的专家,也会永续存在下去。

（2）对团队整合的思考

目前典雅织造正在打算实施股权激励制度。用金敏贞的话来说,这是她从家族团结中悟出的道理。她认为,家庭成员的参与会使企业的忠诚度很高。但她的弟弟妹妹都有自己的事业。她目前的计划是,给企业中工作超过五年的生产、销售、运营方面的核心高管配置一定数额的股份。"企业不可以100%都是自己的,企业需要有智慧的人来参与。"

从激励理论来看,为员工配置一定的股份能够激发员工的工作热情。股权激励措施将员工利益与公司利益紧密联系在一起,员工与公司形成了利益共同体。实施股权激励计划可以有效提高团队凝聚力,构建互信、稳定的管理团队,做到群策群力。

（3）对企业人才观的理解

对企业与员工的关系,金敏贞有自己的认识。通常我们认为,在企业跟员工的关系上,企业应该有主导权,因为企业招聘员工,企业可以挑。然而金敏贞认为,企业是一个男人,员工是女人。一家企业应该像男人一样,具备吸引女人(员工)的才华和能力。这样,这个女人(员工)才不会出走甚至背叛。她有时候会非常羡慕日本的企业,因为日本企业的员工离职率非常低。

金敏贞对企业员工的忠诚非常看重,她有句名言:对企业而言,人才不是最重要的,能够跟着你的人才才是最重要的。在企业的接班问题上,她认为并不一定要儿子来接班。"如果儿子优秀并有兴趣,我当然偏向于儿子,但如果儿子能力不够,我会从外面请人,儿子、孙子只享受股权分红,保证他们的正常生活。"

三、案例小结

典雅织造的创立、发展都倾注了创始人金敏贞的巨大心血,这位来自三代经商家庭的义乌女性,用一颗非常执着甚至"倔强"的心来打造她的织造企业。家族对于金敏贞,对于典雅的影响都是不可磨灭的,深层次烙印在了典雅织造之中。

首先,家庭教育让金敏贞做到"崇三礼"。家庭教育对金敏贞的影响,被这个创始人深深地刻画到了企业的文化、价值观、用人准则等方方面面。她的用心、她的脚踏实地、她的崇尚家族伦理、她的用人风格……这些传统家庭教育的功效,让创业只有10年的典雅一步一步向前,保持在织带行业的前列。

其次,家族的影响让她认识到团结是伴随着牺牲的。她把领导者称为"当头人","当头人"要牺牲所有智慧和能力去经营家庭和企业,绝不能有私心,首先考虑的是大家的利益。"当头人"智慧下的员工要像家族成员一样忠诚。企业的竞争归根结底是人才的竞争,然而有能力的人才并不都是企业所求并适应于企业的。典雅认为,忠于企业,会跟随这个企业的人才才是最重要的。

最后是成全他人梦想的利他主义。家族、家族成员,企业、企业员工,如果能表现出利他主义,那么企业将获得难以被模仿的竞争优势。如果一个企业家能站在为他人实现梦想的高度,做到如稻盛和夫所述之"敬天爱人",那么企业也将达到别人无法企及的高度,而金敏贞正在朝着这个目标而迈进。在2008年实现大规模赢利之后,别人曾经问她人生梦想是什么。她说,帮助其他更多的人实现价值是她的追求。

(执笔:傅颖)

●●●**案例六　千惠纸业：在冲突中被推着走的家族企业***

2003年11月，千惠纸业有限责任公司（以下简称"千惠"）在西安成立，成立时注册资金100万，总资产1000万。千惠的主营业务为口杯原纸淋膜、分切、印刷、模切及打包，属于口杯原纸生产和成品纸杯生产之间的加工环节。目前千惠共有员工60余人，总资产约2000万，年销售额超过1000万，产品主要销往西安及其周边城市。

千惠是由来自台州的江氏三姐弟共同出资成立的企业，三个家庭各自出资三分之一。目前，三姐弟及其各自配偶均在该公司工作，且是公司的核心管理人员。大姐江燕负责后勤采购，其丈夫李辰任总经理，同时负责上游市场的拓展。二弟江涛负责车间生产，其妻子陈君任会计。小妹江月任出纳，同时负责人力资源工作。她的丈夫吴由负责下游市场的拓展。江氏家族的谱系图见图7-6。

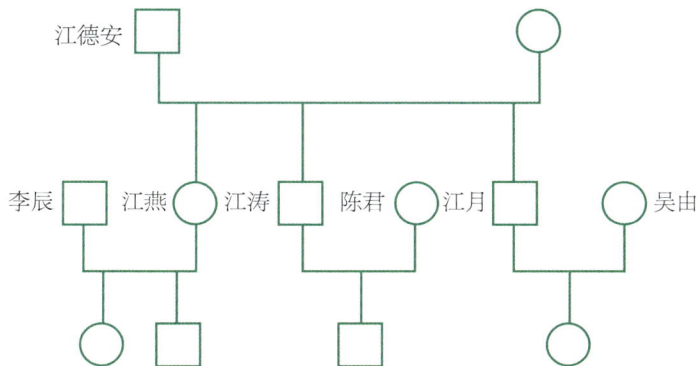

图7-6　江氏家族谱系图

一、家族创业史：父亲的影响

在江燕夫妇的创业过程中，父亲江德安一直扮演着十分关键的角色。可以说，正是江德安推动着原本并不愿意外出创业的李辰一步一步在西安打开局面，并将创业坚持到现在。虽然江德安是教师，从未做过生意，但他眼界开阔、思维活跃，与许多做生意的朋友保持着密切的联系。同时，他的妻子江赵氏也是一位十分能干的女性。早在改革开放之初，她就走街串巷，出售各类小商品补贴家用，用辛勤的汗水尽量为一家老小改善生活。江氏夫妇的勤劳和能干让他们不允许自己的子女在成家后过着无所事事的日子。

*为了保护当事人和企业的隐私，文中涉及的所有名字均作了处理。

1. 首次创业失败，父亲出手相助

早年，江燕夫妇在台州路桥开了一家电脑刻字店。2000年，因为房租上涨、竞争激烈等原因，江燕夫妇关闭了刻字店，回到温岭老家生活。由于一时不知道接下来该做什么，江燕夫妇每天在家无所事事，这个四口之家陷入了坐吃山空的局面。

江德安了解到江燕夫妇的生活状态后，劝说两人要出去寻找新的工作机会，但几次沟通之后，两人依然没有任何行动。一次偶然的机会，江德安得知有朋友正打算前往西安成立纸杯加工厂，于是劝说江燕夫妇和他们一起去西安创业。李辰当时完全没有工作的想法，找了各种借口推脱，比如身体不好、资金不够等等。江德安将这些借口一一驳回。李辰只好听从江德安的安排，带着江燕远赴西安创业。

初到西安时，一切都要从头开始，十分辛苦。但由于当时西安的纸杯加工这个细分市场几乎是空白，所以工厂的订单源源不断，利润也逐年攀升，工厂渐渐在西安的纸杯市场上占据了一席之地。

2. 事业遭遇不顺，父亲再次出手相助

2003年，其他三位股东提出收购江燕夫妇的股份，将江燕夫妇排挤出了工厂。李辰再次打了退堂鼓，想要带着这笔钱回温岭。远在温岭的江德安得知了他们的处境和想法后，劝说李辰不能放弃好不容易在西安打开的局面。李辰虽然觉得岳父的话有道理，但考虑到自己手头的资金并不够再次设立加工厂，对于是否留在西安继续创业依然犹豫不决。

了解到李辰的顾虑后，江德安和江涛、江月商量，提议三家共同出资、重新开始创业，这样既提供了足够的启动资金，又有六位自家人可以参与公司管理。经过一段时间的考虑，江涛、江月、陈君都同意辞职去西安和大姐一家合作办厂。吴由虽然在温岭已经和朋友合作开了一家公司，但还是决定每年分出一半时间待在西安和姐夫一起创业。于是，2003年11月，三个家庭各出资三分之一，成立了如今的千惠纸业有限责任公司。

江燕夫妇的创业，满含着江德安作为父亲对于女儿一家生活的关心和担忧。如果没有父亲的两次出手相助，也就没有千惠的今天。

二、家族关系对企业发展的影响

1. 父亲的外力拉动，创业精神不足

江燕的丈夫李辰虽然在创业过程中听从了岳父的安排，在千惠的经营上也不可谓不辛苦，但是他的内心对于开办工厂始终没有特别大的热情。这和他的成长经历有很大的关系。

李辰的父母一辈子务农，朴实节俭，对于生活的要求不高，认为能够吃饱穿暖就已经十分满足了，即使后来不种田了赋闲在家，也不会有外出打工或是创业的念头。李辰自小受父母的影响，只想着过安逸的生活，对于自己的未来并没有什么规划，有时间就只想打麻将，对于工作并没有很大的热情，自然会在每次岳父劝说其外出创业时都再三推脱，想要知难而退。因此，作为千惠的总经理，李辰始终没有全身心投入这个家族企业的经营，在工作上多少有点得过且过的态度。只要目前的订单能够让公司稍有赢利，就会在家悠闲地打麻将、玩游戏，并不会过多地考虑公司今后的发展问题。

时至今日，李辰已经年过五旬，在外经营公司前后也已有二十多年，年过古稀的江德安却从未断对他的鞭策和监督，生怕他随时会甩手不干，再次回到无所事事的状态。但是，如果李辰没有从内心想要将千惠持续经营下去，仅仅依靠江德安这个外在动力终究不是长久之计，千惠也难以成为可持续发展的家族企业。

2. 家族成员间疏离的关系

不同的家族呈现出来的凝聚力不同。根据凝聚力高低，可以大致把家族分为紧密型家族和疏离型家族两类。在紧密型家族中，家族成员之间联系非常密切，在情感上相互依赖，家族成员与外部世界的情感依赖程度相对较低。相反地，疏离型的家族倡导独立、隐私和个人。家族成员对于其他人的个人生活知之甚少，与外部世界联系更为紧密。江氏家族即是典型的疏离型家族，而这一点给千惠这个家族企业带来了持续不断的困扰。

在一起前往西安创业之前，江氏三姐弟在一年之中只有在过年时才会聚在一起吃饭聊天，平时关于生活上的交流非常少。三家对于彼此的生活状态、重要决定并不关心，也很少对其他家族成员的生活发表想法。三家平时的联系虽然不甚密切，但相互之间的关系还算融洽。

三个家庭共同出资成立了千惠后，虽然六个人平时几乎天天见面，但除了在工作上的必要交流外，三家在生活上依然相互独立，并没有因为公司事务的联系而变得关系更为密切。例如，三家的住处就相隔较远。其中，大姐一家住在西安远郊的厂房里，二弟和三妹则各自在西安的市里买了房子，每天下班后就回到城里的房子里居住。更为重要的是，三家之间原本虽然疏离但也融洽的气氛也因为公司里经营决策和利益分配方面的问题而荡然无存，甚至一些看似十分琐碎的日常生活小事都会加大三家之间的嫌隙。对于利益，无论巨细，三家都是锱铢必较。比如，客户拜访公司时送来几斤上好的大米，三家都不想先开口要，又觉得论斤均分会显得自己很计较。结果大米硬是从新米放成了陈米，继而发霉，最后只能扔掉。大家虽然都觉得很可惜，但都会在私下归咎于其他两家，而且下一次也还是这样重演。其他涉及利润分配、在职消费等方面的问题就更多，如公车私用、物资采购等等。三家之间的矛盾虽然还没有激化到恶语相交的地步，但平时见面说话时冷嘲热讽、针锋相对已是常事。

由于千惠的核心管理人员就是三家的六个人，因此六个人在处理公司事务时不可避免地将关系冲突延续到了工作中。同时，公司经营上的矛盾和争议反过来又进一步使得家族成员之间的关系更为疏离，缺乏沟通。这样的恶性循环无疑给千惠的经营管理和发展带来了非常大的麻烦。

3. 兄弟合作的冲突

随着千惠经营规模的不断扩大，经营决策的增多，三家之间的矛盾也日益凸显。在公司中，虽然六个人的职能各有分工，但其实并不存在严格意义上的组织架构，所有重要决策基本都是由李辰和江涛协商决定。两人的背景截然不同：李辰的学历较低但经营管理的实践经验丰富，以生意场上的过来人自居；而江涛则正好相反，学历较高，对于经营投资很感兴趣，阅读了不少这方面的书籍，但从未做过生意，社会经验较少，却自视甚高，经常看不上他的这个姐夫。所以两人从一开始便对于许多经营决策有着不同意见，而正是李辰和江涛在经营上的意见分歧成了公司乃至家族矛盾的焦点。

例如，李辰想要收购一家上游原纸企业5%的股份，以稳定原料供应。但江涛认为李辰这样做太过保守，他认为千惠可以直接收购这个公司50%的股份，成为控股股东，一举实现公司对于上游企业的纵向一体化战略。两人争执不下，最后李辰以总经理的身份坚持决定收购5%的股权，江涛则愤然拂袖而去。类似这样的情景几乎隔三岔五就要在千惠上演，诸如厂房选址、招聘员工等决策。而且，李辰和江涛将他们在经营上的矛盾延续到了生活中，两人的私人关系也越来越差，连带着两家的关系也每况愈下。如今，李辰和江涛在共同决策时，只要一方同意，另一方一定会立马反对，根本不管这个提议从经营的角度来考虑是否符合成本效益原则。千惠在两人这样的内耗中丧失了不少扩大规模、提升产能的机会，发展速度和效益也比同期成立的纸杯加工企业落后了不少。

三、案例小结

千惠作为一个由三个家庭共同出资成立、联合经营管理的家族企业，在很大程度上是被动发展起来的，缺少持续发展的动力，它的未来十分堪忧。

首先，千惠能够成立并延续至今的大部分动力是来自于李辰的岳父江德安的外力拉动，而非李辰发自内心的创业精神和激情。有理由相信，李辰并没有将千惠持续经营下去的强烈愿望，更不要说家族企业的世代传承和延续。

其次，来自三个家庭的六个家族成员之间既没有相互关爱和信任，又缺少及时顺畅的沟通，致使矛盾和隔膜与日俱增，阻碍了千惠的正常生产经营。尤其是李辰和江涛之间的针锋相对已经使得千惠远落后于同时期创业的其他同行业企业。同时，家族成员在企业经营上的观念分歧和相互猜疑又进一步加剧了他们之间的冲突。

最后，对于千惠而言，家族成员之间不健康的相处方式与家族企业的经营之间相互影响，形成了恶性循环。不健康的家庭关系不仅耗尽了这个家族企业在西安地区原本领先的发展势头，还不断透支着千惠这个家族企业的未来。

（执笔：谢惊晶）

●●● 案例七　义乌利达针织：守业与创业，责任与梦想

义乌利达针织有限公司创办于1994年，旗下拥有娜娇婷、伊玫两个品牌，年销售额5000多万元，产品涵盖袜业150多个品种。公司现有固定资产5000多万元，员工400余人。20年来，创始人吴氏家族与利达共同成长。在吴宗来、何久平夫妇逐渐淡出日常经营后，家族的第二代吴瑶琴进入企业，并引领利达进入电商、品牌时装等新领域。目前吴瑶琴担任利达针织的副总裁，主管销售和品牌运作。随着弟弟加入利达，她表示将来会更多地承担起辅导员的职责，帮助弟弟熟悉企业的运作，以便将来让弟弟和职业经理人接班，自己则能功成身退。吴氏家族的谱系图见图7-7。

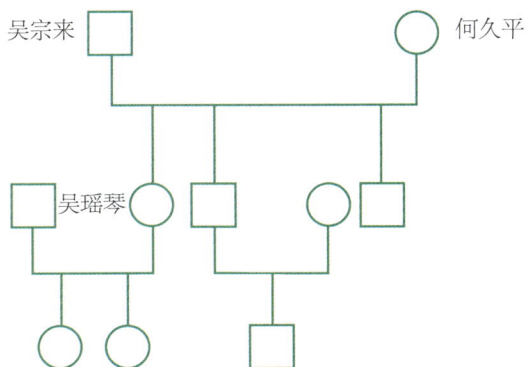

图7-7　吴氏家族谱系图

一、家族创业史

1. 走南闯北，积累创业第一桶金

吴宗来出生在义乌的一个乡绅家庭，其父是村里不多的读书人之一。浙江人多地少、资源贫乏，单靠务农很难支撑家计。吴宗来年少时就随着村里的长辈去义乌江捕鱼贴补家用。成婚之后，他也一度以农耕和捕鱼为生。

20世纪70年代末，自行车开始在中国流行起来。吴宗来通过自己琢磨试验，学会了自行车修理技术。凭着这份手艺，夫妻俩开起了自行车修理铺。此后，他们又不断摸索新的生意，去江西摆过地摊、卖过衣服，在义乌江办过捞沙厂。但由于不懂材质，衣服生意没赚钱。捞沙厂也因为村民不支持，一夜之间捞沙船都被凿沉江底。

20世纪80年代后期，他们终于迎来了创业路上的第一个转机。他们与山东省一个军属煤矿企业合作，成为其在义乌的代理商。当时义乌商业氛围逐渐浓厚，遍地的家庭作坊对煤这种燃料需求旺盛，吴氏夫妇终于在生意上尝到了甜头，为后续的创业积累了雄厚的资本。

2. 兴办实业，从错误中学习

煤炭生意为吴氏夫妇积累了大量财富，但当时改革开放刚刚开始，先富起来的人们对拥有的财富仍心有惴惴。揣着一堆现金发愁的吴氏夫妇决定办厂搞实业，"把钱花出去"。

1993年，他们创办了第一家袜厂，但由于合约问题，他们从香港购买的200多台进口织袜机都是残次品，根本无法正常生产。这次尝试以失败而告终，四五百万元的投资打了水漂，企业也陷入破产。

1994年，吴宗来夫妇又重新购置设备，创办了利达针织。这一次他们对设备质量和合约条款严格把关，产品也迅速打开了市场。不到两年时间，他们就还清了所有债务。1994年年底，利达针织开始和华润腈纶、烟台氨纶合作，成为业内原料寡头的代理商。在获取了稳定、优质的原材料供应后，利达的产品质量不断提高。2000年，利达针织收购了香港的娜娇婷品牌，企业重心从生产加工升级为品牌运作，实现了从原材料到终端消费品牌的整合一体化。

3. 吴家有女初长成，引领企业新发展

吴氏夫妇长女吴瑶琴MBA毕业之后，就回到了利达针织工作。由于没有具体的传承规划，吴瑶琴刚进入企业时并没有明确的职务与岗位，往往陷入不知道做什么的状态。和母亲出去谈生意，也因为年纪轻而不受重视。深感经验不足的她于是做起了企业的"救火队员"，包装、质检、出单，哪里人手不够就去帮忙。实在无事可做

时就去车间里闲逛，甚至帮保洁阿姨打扫洗手间。但这种状态的"副作用"是她非常快地熟悉了企业的业务流程和商业环境。

进入企业大半年之后，吴瑶琴发现，利达原有的销售模式十分落后。利达主要依靠国际商贸城中的摊位和代理分销渠道。然而，商贸城中的摊位租金昂贵，订单量也不多，性价比很不划算。销售代理模式也难以扩充客户群，更无法塑造直面消费者的品牌。她于是说服母亲关闭国际商贸城中的摊位，转向在阿里巴巴等网站上处理国外订单。

为了扩大国内市场，她带领员工参加广州等地的针织品展销会。与其他参展厂家的产品多为设计精美的时装不同，她只是在展位上挂满了不同颜色、材质和设计的袜子。但这种特别的展示方式反而使其脱颖而出，吸引了大量的新客户。随着国内电子商务的兴起，2008年她又开辟了电商销售渠道，目前这个团队每年能创造400万元的利润。

吴瑶琴出色的销售成绩赢得了包括父母在内的企业高管的一致肯定。目前她将工作的重心放在利达集团的品牌化升级上，通过组建上海娜娇婷针织发展有限公司，进军高端市场，并将产品线扩展到服装、鞋包等相关领域。

二、家族健康与企业继承人的培养

1. 勤劳质朴——有钱没什么了不起

吴宗来、何久平夫妇年轻时走南闯北，几经挫折才创办起利达针织。长女吴瑶琴从小和父母聚少离多，看着他们终年辛劳。她在小时候就帮助照顾弟妹，在留学归国之后更是主动加入家族企业。

虽然从出生起家里经济条件一直不错，但吴瑶琴并不认为自己有什么特别之处，"有钱也没什么了不起"。在加拿大求学期间，她凭着奖学金自助游欧洲。为了省钱，她租住在一套偏远的平民公寓里，买张垫子铺在地上就是床。没有车就走很远的路，搭公交上学。多伦多的冬天风大雪厚，公共交通经常瘫痪。她上学时撑着伞在雪地里走，经常被大风刮得滚成一团。

即使在回国接班以后，吴瑶琴在物质上也并不在意，不开豪车不穿名牌，朴实得如同邻家女孩。皈依藏传佛教之后，她对待名利更加洒脱，认为人只有减少欲望才能维持本心、获得宁静与平和。如今已为人母的她，也教育自己的孩子要养成正确的价值观。她要求两个女儿必须学习打扫、做饭和缝补等必需的生活技能，并带领两个女儿一起动手制作珠宝首饰。在谈及对女儿的教育时，她说："我不要求她们将来出人头地，但求她们能够独立自主、不依赖他人而生活。说到底财富是身外之物，我希望她们掌握必要的生活技能，这样即使在物质贫乏之时还能生活下去。"

2. 严谨好学——做踏实事，赚良心钱

在吴瑶琴的印象中，母亲严厉而细致，父亲则聪明好学。在利达针织创办初期，父亲主管原材料和销售，常年在外出差，厂里的一切事物都靠母亲打理。何女士都要事无巨细地亲自对生产、质检、运输、财务一一把关。直到如今，每次出差回来，无论多晚多累，何女士总要先来厂里转一圈再回家才能踏实。这份细心和严谨也影响了女儿吴瑶琴。她曾整夜思考企业经营的困境，也曾在怀孕4个月时因为单据错误凌晨赶到仓库监督订单出货。

谈及家庭教育对她的帮助时，她回忆起父亲当年因不懂技术和法律而购进残次设备导致破产的旧事。她说："当时主要是因为我们没有文化，又是第一次接触国外商家，不知道要检查设备质量，合同也不细致，更不知道怎么用法律维权。那段时间家里的确十分困难，但是从那以后我父亲在合同上就非常仔细，再也没有出过差错"。"不懂才要去学，去尝试，只要肯用心学，一次不成两次，再三再四就一定能做好。"刚刚回国接班的时候，她对针织行业一窍不通。从打扫办公室和清点存货开始，她摸索着袜子生产的整个流程。如今的她已经能对着任何一双丝袜，迅速地辨识出材质、针法和工艺。

吴家人多年来一直秉持做良心事、赚踏实钱的信念做企业。2000年前后，很多同行都借产业升级、设备更新的名头申领政府的研发补助，拿到钱后却不用来购置新设备。利达针织没有这样去做，它是义乌市最早引入新一代袜机的企业之一。此外，以次充好的现象在制袜子企业十分普遍，利达针织却坚持做最好的产品质量，不打价格战不赚昧心钱。吴瑶琴说："我们进口多少原材料就做出多少高端产品，不会进口一点点高档原料，就做出十倍百倍于原料的产品来，绝不夸大。"正因对品质严格要求，莱卡公司授予了利达商标印刷使用权，其可以直接将莱卡Logo印刷在袜子上标识其原料成分。而其他同行则需要由莱卡公司验收产品质量之后，才能贴上表明莱卡成分的标签。

3. 潇洒人生——做喜欢的事情才幸福

与其他家族企业二代相比，笃信藏传佛教的吴瑶琴简单而随性，继承了父亲的浪漫主义想法。吴宗来先生虽然目前仍然担任利达针织的董事长，但在管理企业之余，他购置了几十亩山地开辟成有机农场，过起了自产自销的农耕生活。虽然农场并不对外营业，但在吴先生细致打理下已经初具规模，出产的蔬果禽蛋都品质上乘。2013年在金华市的水产养殖验收评比中，吴家农场的甲鱼还获得了头名。

在父亲的熏陶下，吴瑶琴自小也十分向往田园生活。她坦诚自己最大的梦想就

是将来去云南或广西找一块地方，盖一幢太阳能环保小屋，屋前开辟一块园地种些蔬果中药，再自己设计些小物件贴补家用，过自给自足的生活。在谈及家族事业和个人梦想的平衡时，她说："利达是我的责任，我会努力做好，将来等我弟弟熟悉企业事务之后交给他和职业经理人打理，到时候我就可以功成身退了。珠宝设计是我的爱好，能做自己喜欢的事还能赚钱，何乐不为呢？将爱好、梦想和事业结合在一起就很快乐，生活单纯一点才会更加幸福。"

三、利达传承案例的启示

家族企业的传承过程是与企业主家庭的发展同步并行的，家庭文化和创始人的价值观对继任者的影响十分重要。目前吴瑶琴已经进入利达工作8年，其弟弟也进入企业工作2年有余，传承过程中虽未完成，但目前来看还是十分平稳顺畅的，其中有很多值得借鉴的地方。

首先，家庭教育让子女养成勤劳谦逊，严谨好学的品性，并培养起对家族事业的责任感。吴瑶琴秉承了母亲严谨要强的性子，凡事都力求做到最好，产品要求高质量、团队要求高效率、品牌要求高口碑。在她的带领下，利达集团正从面向中端的生产型企业向高端化、品牌化和产业化转型升级，以打造涵盖时装、鞋包和配饰在内的娜娇婷时尚品牌而向前迈进。

其次，家族影响让子女不忘初心，勇于创业。在传统制造业面临困境的市场环境下，吴瑶琴的父亲鼓励自己的子女根据专长和喜好，寻求新的创业机会。这样既能消除他们对继承家业的抵触心理，又能让他们在创业过程中得到锻炼与成长，不啻为家族企业传承的新尝试。

最后，在家族内部建立接班梯队，形成"兄终弟及，姊妹扶持"的传承模式。我国民营企业主往往希望由儿子来继承家业，但也不乏父母已经年迈而年轻儿子不想也没有足够能力接班的例子。吴家有二女一子，将来也是要由小儿子继承家业。但是，长女吴瑶琴先进入企业工作，再来引导和帮助弟弟熟悉企业，这不仅能及时填补父母心力不济而弟弟尚年幼的青黄不接的空隙，也能够充当父母与弟弟之间的协调员和沟通者。对于拥有多名子女的家族而言，建立接班梯队、依次或同时考察多名潜在接班人，不仅能够实现家族事业的平稳过渡，还能让下一代在家族事业中共同成长。

（执笔：王健茜）

●●●案例八　浙江宁波动力机械配件厂案例研究*

　　浙江宁波动力机械配件厂由李爱国创办于1994年，主营业务是汽车配件、紧固件和五金加工设备的生产加工。截至2013年年底，企业注册资本达到310万元，总资产已超过800万元，员工人数约50人，主要客户是汽配流通商和整车厂。

　　目前李家共有7人在企业中工作，李爱国是企业法人，但因为年事已高，已基本不参与企业的决策和实际运营。大儿子李忠国负责企业原材料的采购工作，大女儿李慧芬负责企业财务，大女婿陈远志负责生产。小女儿李小芬负责仓库管理，小女婿邱伟良负责经营销售。家族第三代长女李肖静在2006年大学毕业后，也加入到了家族企业中，和姑妈李慧芬一起负责财务工作。儿媳柳文琴一周中抽出两三天去企业中帮忙整理文件，不属于正式员工。其家谱系图见图7-8。

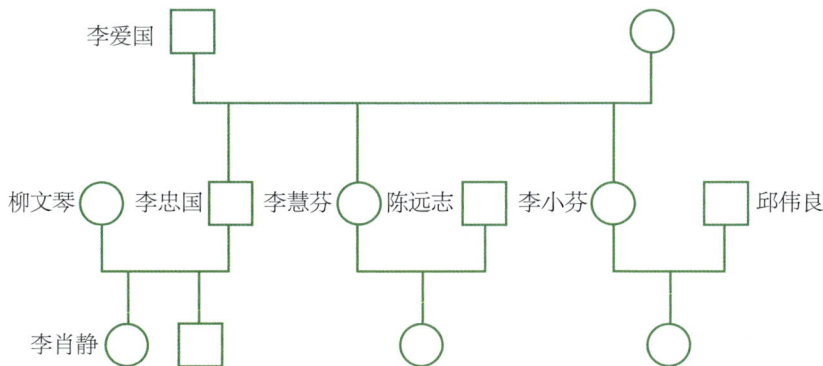

图7-8　李氏家族谱系图

一、家族创业史

　　宁波动力机械配件厂的前身是当地村办厂，成立于1972年。随着改革开放的进行，当地的村办厂都面临着被承包（出租）或是改制（出售）的命运。当时在村办厂工作的李爱国抓住机会，与两个女儿共同出资，通过竞拍买下这家工厂，并发展成了现在的普通合伙制企业。

1. 以厂为家，积蓄能量

　　在早期的企业发展过程中，村办厂的员工基本都是当地年轻的村民。他们文化程度低，但是学得快、肯吃苦。李爱国在当时是村办厂的一名业务员，负责企业产品的供销工作，常常出差跑外勤到外地。两个女儿李慧芬和李小芬在各自完成学业以

---

*为了保护当事人和企业的隐私，文中涉及的所有名字均作了处理。

后，分别进入工厂。一家人三口在同一企业中工作，一方面对工厂的主要部门有充分的了解和认识；另一方面，李家和多数老员工都是同村人，很多员工都是从小一起长大的玩伴和同学，因此，彼此信任、尊重，能够很好地交流和沟通。这些为李家人后来购买企业及日后的经营提供了资源和能力的保障。

2. 齐心协力，抓住机遇

1994年，由于村办厂运营不善，村集体开始考虑出售这家村办厂。当时工厂内的一些老员工以及其他的投资者都对这家机械配件厂感兴趣。为了公平起见，村集体采用了招标的形式进行工厂出售。李家人对此拥有得天独厚的条件。因此，在工厂进行招标时，李家人通过召开家庭会议，做出决定——抓住机遇，筹资购买。

3. 面对困境，攘外安内

在购买企业时，李家需要面临很多问题。首先是资金不足；其次，产权变动带来了员工流失。针对这两个关键问题，李家人采取了以下措施：在资金方面，通过协商，李家父女获得了为期三年的还款期，避免了一次性偿还应付款而带来流动资金周转问题，为企业的后续运作提供了可能；在人力资源问题方面，李家人首先从自己家人出发，召回李忠国，负责原材料采购。李忠国加入家族企业后，也带来了一些新员工，从而解决了人力资源的问题。

4. 保守经营，后继不足

李家人在接手企业后，企业的总体形态并没有发生改变。三年后，李家人还清了全部的外部负债，并且开始赢利。2000年，盖起了自己的厂房，摆脱了大笔的厂房租金成本。但是，厂房的搬迁并没有带来企业规模的扩大，同时企业并没有招到足够的新员工进入。随着员工年龄层逐渐老化，人才问题成了困扰企业发展的首要因素。近几年，企业开始逐步出售了一些零件的生产及加工设备，有计划地缩小业务范围，采用部分零部件外包生产的形式，进一步回笼资金，缩小规模。

二、家族健康对企业健康的影响

在对李家人的调研过程中，可以发现其家族关系非常和谐、融洽。第二代成员之间相亲相爱，互相体谅。而家族第三代成员之间年龄相近，小时候都跟随父母一起在工厂长大，随后一起上学，所以表姐妹之间关系密切。由于第三代参与企业较少，这里主要分析家族第二代成员之间的关系。

1. 家族价值观的影响

（1）孝顺父母，关怀和睦："亲人远比财富更为重要"

企业成立到现在，家人从来没有为了钱的事情争吵过。此外，整个家族成员会在寒暑假进行一年一次的家庭旅游。目前，整个家族已经一起到过国内外多地旅行。家族的旅行使得整个家族的老老少少能够有时间放下工作和其他事务，用一两个星期的时间和家人在一起，享受天伦之乐。因此，每一次的旅行家人都会玩得非常尽兴，期间能够更好地与家人交流沟通，增进感情、促进家族关系和谐发展。在访谈中李慧芬说道："钱，够用就可以了，我们并不追求大富大贵，一家子和和美美、健健康康才是最重要的"。由于父母年事已高，三个子女也多次提出将父母接到自己家中，方便照顾。

（2）公正、公平：兄弟姐妹各司其职，公事公办

家族成员彼此约定，不把公事带回家，遇到问题，家族成员就聚在一间办公室里讨论，有时也会在食堂的饭桌上互相讨论。在企业运行过程中，家族成员根据各自原先的专业优势，在企业的各个部门中各司其职，个人负责自己的那个部分。但是回家以后，大家就不再是同事，而是兄弟姐妹、父母子女的亲人关系，尽量减少讨论企业事务。

（3）勤勉努力

在承包企业前，李家的两个女儿、女婿以及李爱国就是各个车间的普通员工，他们在企业中工作的时间已经超过了30年，家里的第三代很多都是在工厂里长大的。因此，在员工的眼中，李家人与其说是老板，更像是多年的好友。提及对这一家人的印象，员工们说得最多的是老实本分，勤勉努力，"他们特别踏实，肯吃苦，能干活"。正所谓"天道酬勤"，多一份付出就会多一份回报。李家在子女教育中，认为年轻人就应该多吃一点苦，多付出一点努力，这样才能够更好、更快地成长。

2. 家族健康对于企业发展的影响

家族企业是一个家族和企业有机结合的组织结构，其中包括家族系统和企业系统，因此，家族的健康与企业的健康紧密联系在一起，家族健康的好坏极大可能会表现为企业具体行为的差异。

（1）对创业机会的把握

企业成立前，虽然有五位李家人在企业工作中，但各自的专业并不相同，所属部门也不同。李家长子李忠国还在其他工厂上班，对机械配件厂并不了解。但是，李家人以彼此的信任为基石，整合当时所拥有的资金、人力、技术、社会关系等各种资源，牢牢抓住了他们的机会。李爱国、李慧芬、李小芬父女三人负责资金筹集，筹到了33万元，保障了创业的资金来源；大女婿陈远志负责生产工作，以及动员老员工，牢牢把住生产线；小女婿邱伟良则是根据专业特长，继续负责财务会记工作，对企业资产有一个明确的了解；而李爱国本人，对市场以及客户有着充分的了解，并且拥有广

泛的社会关系网络。

多种资源充分整合配置，李家对于企业的承包进行了力所能及的努力。最终成功实现了对这家动力机械配件厂百分之百股份的拥有，成了这家村办厂的新主人。随后，李爱国把儿子李忠国召回到自己的企业，同时吸收了大量的新鲜人才，解决了由于所有权变动引起的人才流失问题。家人之间的和谐与配合是李家成功实现企业承包的最为重要的因素。

（2）和平划分企业股权

公平、公正的股份划分方式，促进了家族与企业的持续和谐与发展。李家在企业划分股权之初，打破了当地的传统，并没有一开始就将大部分的股份交给儿子，而是考虑到两个女儿女婿在企业工作的资历，以及企业承包时付出的资金。同时，李家子女以及儿媳女婿都孝顺父母，愿意听从父母安排。因此，在进行股权划分时，就直接将股份按照合伙人的方式公平分给两个女儿。企业成了现在的三个合伙人：大家长李爱国拥有企业56%的股权，同时也是企业的法人代表；李慧芬和李小芬两姐妹分别拥有22%的股权，并列成了第二大股东；李忠国没有企业股份。为了给予大儿子一定的补偿，年终时，李爱国会给儿子一个红包，充当股份分红，用以平衡子女之间的差异。这一公平划分的方式，避免了日后因为股权划不均等问题带来的子女之间的矛盾冲突，同时也能够更好地促进现阶段子女之间关系的和谐发展。

（3）和谐的集体决策方式

在第一代和第二代权力交接过程中，并没有明确定下谁是企业主要的管理者。一个原因是企业规模比较小，决策方式粗放简单。另外一个原因也是因为兄妹之间关系和谐，彼此信任，能够很好地沟通交流。在以往的决策中，都是父亲李爱国在与子女讨论后拍板决定。现在李爱国放权给子女，但是在碰到重大的决策时，五个人采用自由讨论的方式，公平投票，一人一票举手表决，保证在重要问题上能够全家人达成一致。家族成员之间的默契和信任，成功地实现了决策方式的平稳转变。家人之间不争名夺利，彼此为对方考虑，平稳实现了企业股权的分配以及决策方式的转变，这是促进企业健康成长与持续发展的基础。

三、案例小结

通过以上企业发展案例，我们可以从筹资创业、股份安排、企业决策等各方面，了解到家族健康对于家族企业发展的影响。具体来说，可以总结如下：

首先，家族企业的行为往往最能够直接表现出家族的价值追求和愿景。企业中不同的个体、团队或是部门之间都存在着一定程度的利益冲突。在家族企业中，家族拥有企业的所有权、管理权和治理权，对企业的行为影响深远。从案例中可以发现，李氏家族成员之间彼此信任与关怀，家族成员都能够将情感放在个人的私利之前，重视家族的整体发展而不是个人的成就。这样的家族关系导致企业做出有利于长远发展的决策，并不断促进企业成长。

其次，保持家族和谐是促进企业良好发展的坚强后盾。从案例中可以发现，由于家族关系和谐，在面对重要的决策困境时，李氏家族成员能够团结一致，将所有的资源与机会汇集在一处，从而攻克所有的障碍，创造家族的价值最大化。在企业事务与家族情感发生冲突时，李氏家族能够公私分明，集体决策，从而能够实现家族与企业协调统一，避免因为角色混乱而产生的矛盾和冲突。

最后，家族企业由于嵌入了血缘连带和家族关系，除了追求经济目标外，也会追求情感上的非经济目标。家族企业这种追求情感目标的行为有别于非家族企业，在某些情况下，这种追求可能会甚于对经济目标的追求，从而带来经济利益的损失。从案例中可以看出，李氏家族成员对企业非常忠诚，把企业看作自己家人来看待。在企业发生人才困境时，家族人员也会一起共渡难关。另外，李氏家族深信"钱，够用就可以了，我们并不追求大富大贵，一家子和和美美、健健康康才是最重要的"，这正是家族企业追求情感目标的体现。

（执笔：王宁）

第二节 案例归纳：
重新认识家族的引擎作用
——来自8个案例的启示

●●●1. 不可低估的家族文化

没有资源优势和制度护航的中国家族企业，从草根慢慢成长为中国经济最活跃的一支力量，其根本动力来自家族系统。家族系统源源不断地为企业输入人力物力，家族内部的团结友爱以及对企业的认同和奉献是支撑家族企业的星星之火生生不息的"氧气"。拥有强大凝聚力的家族往往能够为家庭成员带来正能量，健康家族里成长起来的企业家也更加具有社会关怀，因为他们会把对家人的爱延伸到对员工、对消费者的爱当中。

知名奶茶生产企业香飘飘集团，其创业路途中的一次次艰难经历彰显了家族给企业带来的力量。当年工厂还在南浔的时候，整个蒋家大家庭住在一起，一起吃饭，经常沟通交流。那时，家庭关系简单淳朴，大家相亲相爱，从来没有发生过大的矛盾。在开始做面包作坊的时候，大家庭的成员都一起过来通宵帮忙。后来南浔的工厂遇到洪水，大家一起冲到工厂区抢救设备。香飘飘第一只广告播出时，家里人吃完饭都坐在电视前，等着广告出现。很长一段时间，家里人尤其是爷爷奶奶一听到香飘飘的广告歌，都会迅速地跑到电视前去看。家族成员的幸福感也与企业的健康成长紧密关联起来。"我们想到的就是要做给女儿喝的奶茶"。在这样的理念指引下，香飘飘的产品品质得到了保障。无论面临什么样的市场变化，香飘飘始终牢牢把控食品质量，至今为止，从未发生过一例食品安全事故，并连续八年保持销量领先。香飘飘背后温馨和睦的奶茶家族是企业的健康成长的后援团。

与之类似，另一家受访企业——浙江宁波动力机械配件厂的李氏家族成员之间融洽的合作也可圈可点。尽管创办时间不过20年，但他们家族关系非常和谐，不仅第二代成员的三位姐弟相亲相爱，三个核心家庭主要成员也能够互相体谅，从来没有为了钱的事情争吵过。有意思的是，家族第三代成员之间年龄相近，一起在工厂长大，一起上学，表姐妹之间关系密切。整个家族成员会在寒暑假进行一年一次的家庭旅游，老老少少放下工作和其他事务，用一两个星期的时间和家人在一起，享受天伦之乐。在李氏家族看来，钱够用就可以了，他们并不追求大富大贵，家庭和睦、大家健康才是最重要的。更重要的是，第一代创业者在淡出企业之前，在股权、议事规则等方面制定了大家都普遍认可的规则。比如，家族成员约定，不把公事带回家。遇到问题，家族成员就聚在办公室或公司食堂的饭桌上互相讨论，一人一票；回家以后，大家就不再是同事，而是兄弟姐妹、父母子女的亲人关系。

相反，如果家族成员凝聚力较低、家族成员关系不融洽，则会不利于企业传承和未来发展。案例中的千惠纸业是江燕、江涛和江月三姐弟合股的企业，三个核心家庭主要成员全部在公司担任重要职务。原本疏离的家族关系，在缺乏合作机制下，放大了众多家族成员在教育背景、工作经验方面的差异，也让公司战略在持续的争议中飘忽不定，无法达成一致的愿景和目标。这家典型的家族企业，缺乏家族凝聚力的优势，也没有职业化管理的经验，更不擅长沟通，只是在江氏姐弟的老父亲的撮合下合作成立的，没有主心骨。尽管创业初期因为业绩增长，大家的合作局面尚能维持，但也不容易发挥基于信任和利他主义的家族企业竞争优势。另外，在现有的公司治理结构下也无法确定一致的意见，互相拆台开始增加，甚至单纯因为个人矛盾而反对对方的决策。在不断的内耗下，千惠的成长令人担忧。

●●●2. 薪火相传的创业创新精神

在八个案例中，有多个围绕二代创业的故事。目前，中国家族企业正经历产业转型升级、权杖交接与二代创业的"多重奏"。案例中的二代企业家，已意识到父辈传统产业正在面临挑战或瓶颈，开始以父辈能够接受的方式，以增量的形式"静悄悄地革命"，其身上体现的责任感和开拓创新精神令人侧目。

对于浙江台州的黄河吹塑集团背后的王氏家族而言，第二代小王不仅继承了父辈稳重、不冒进的创业精神，也具备了善于学习的创新精神。在接手企业的过程中，若出现问题他会先跟父母商议，找到合适的解决途径后共同实施；就算是和父母意见相左时，他也会选择一个柔和渐进的过程与父母进行沟通，让父母尽量理解自己的想法。另外，小王风险意识极强，不想将父母一辈子的心血毁于自己的冒进。所以在开拓业务再创业的过程中，他一再降低风险。为了在不触动原有根基的情况下稳定拓展业务，模具订单主要通过网络推广，接到的订单会交到别的工厂去做，或者是临时搭个厂房去做。如果业务稳定，再去考虑是否适合设立工厂进行生产。这样的推广方式不会过多占用工厂的资源，且风险系数低，兼顾了个人、企业和社会的利益。

与独生子女的企业家族不同，有一些企业主是多子女的。在这些家族企业中，接班人的选择和培养颇费思量。从义乌利达针织的案例中，我们可以看到二代姐弟分工，"兄终弟及，姊妹扶持"的传承模式。作为利达针织的控股股东，创始人吴宗来、何久平夫妇现如今可以抽身转入现代农业，逐渐淡出日常管理事务。他们能够这样做，得益于长女吴瑶琴能够承上启下，协助弟弟掌控企业。作为长女，留学回来后，看到父母亲的辛劳，她立即加入了公司。即便没有任何职务，她仍做起了企业的"救火队员"，包装、质检、出单，哪里人手不够就冲去帮忙。实在无事可做的时候她就去车间里观察生产线，甚至帮保洁阿姨打扫洗手间。这样，她比将来传承重任的弟弟更早熟悉了各种业务流程。受过商科教育的吴瑶琴极具创业创新精神，她很快发现，改变利达原有的守株待兔式销售模式迫在眉睫。于是，她说服母亲关闭国际商贸城中的摊位，率先在行业内实现电子商务，出色的成绩和高效的团队也赢得了包括父母在内的企业高管的一致肯定，继而又开始进军高端市场，并将产品线扩展到服装、鞋包等相关领域。

　　二代企业家的开拓创新精神同样在义乌宾王集团案例中得以体现。楼氏家族掌控的义乌宾王集团一直坚持扑克牌主业，但是在行业内部竞争固化、整体产业规模趋向饱和、营销模式过时的大背景下，集团急需寻找新的市场机会，实现企业的转型升级，而这个工作交给了楼董事长的女儿楼晓康来完成。基于宾王集团的现有资源与渠道，在父辈稳健发展战略的指导下，楼晓康决定以毛巾作为多元化的试水。然而，小百货分销渠道现行的先出货后付款的模式不能满足新产品的回款要求。于是，楼晓康干脆放弃宾王扑克积累的分销网络，自己寻求新的客户资源。而正是在这一点上，父女俩的观点发生了严重的分歧。楼董事长认为，应该继续与有着多年交情的客户合作，并拿出三顾茅庐的精神让利客户，共同把宾王的毛巾事业培育起来。而楼晓康坚持，宾王毛巾必须缩短产品与消费者之间的链条，最好能直接与消费者沟通，这样才能获取消费者的反馈，也便于构建宾王家纺的品牌形象。据理力争说服父亲之后，楼晓康开始有条件地筛选现有的客户，并从中选择了10位优质的分销商作为长期的合作伙伴，但是约定所有的货款必须当期付讫，最长的回款期不得超过一个月。此外，楼晓康开拓创新，开始了增量革命。她将大部分精力投入了网络平台，通过在淘宝、天猫等电商门户开店直接与消费者取得联系。在宾王传承和企业转型过程中，楼晓康从一个只知道埋头执行的富二代转变为一个寻找机会的创业者。独立负责子公司让她感受到了作为企业领导者的责任与压力，也更能够理解父辈创业的艰辛。

　　在瞬息万变的互联网时代，家族企业的年轻一代的学习能力、创业创新精神很强，对新的市场趋势把握得更加准确。他们敢于挑战现有的约定俗成的行业模式，正在走出一条与父辈截然不同的创业之路。

●●●3. 家族治理中的集体决策VS夫妻决策

众多家族成员参与经营，需要有效的治理机制来协调多方利益。本次健康指数研究结果也显示，偏好集体决策的企业家心理健康状况更佳，企业治理更为完善。然而，一言堂和夫妻档仍然是目前家族企业家族事务的主要决策方式，众多的家族治理机制并不规范。

宁波动力机械配件厂的李氏家族是集体决策的典型例证。在以往的决策中，都是父亲李爱国在与子女讨论后拍板决定。现在李爱国放权给子女，但是在碰到重大的决策时，五个人采用自由讨论的方式，公平投票，一人一票举手表决，保证在重要问题上能够全家人达成一致。家族成员之间的默契和信任，成功地实现了决策方式的平稳转变。家人之间不争名夺利，彼此为对方考虑，平稳实现了企业股权的分配以及决策方式的转变，是促进企业健康成长与持续发展的基础。

那么，夫妻档的家族决策就一定无效么？——不尽然。在我国，传统文化中的情感优势一定程度上替代了制度的作用。如果家庭中夫妻关系融洽，家庭内部的夫妻分工到了家族企业会被放大，而这在香飘飘的案例中得到了体现。香飘飘的掌舵人蒋建琪的家庭属于典型的丈夫主外、妻子主内型，夫妻二人在生活和事业上各司其职、互相支持。不同于当地许多夫妻企业，蒋太太并不过多涉入香飘飘的管理。蒋太太在访谈中提到，在企业成长阶段，她本来打算辞去原有的工作到香飘飘来帮忙，但是有一天她听到员工说："老板娘来了，快快快坐好"时，她忽然觉得，她不想做这样的老板娘，不希望让员工觉得香飘飘是她自己家的，而更希望员工能够把自己当成香飘飘的主人。此后，她开始慢慢转变自己在企业中的角色，发挥女性在家族企业中的润滑剂作用。虽然她尽量不参与企业管理，但每年都会抽时间跟员工吃饭聊天，用她温柔的力量增加员工对企业的认同感；遇到高管之间有冲突，她也会在中间帮助沟通协调。这样的角色转变反而让她更好地呵护了香飘飘的成长。

本次健康指数研究数据也显示：女性企业家领导下的家族企业在文化力三个指标上的表现要略优于男性领导下的家族企业。相较于男性企业家，女性在处理家族事务上往往具有更多的灵活性，注重各方利益诉求的平衡。可见，柔性管理方式在处理家族事务上更具优势，使得家族内部关系更加融洽，应对变化的能力也更强。

●●●4. 基于家族信念的社会责任

本年度中国家族企业健康指数九力指标中，责任力得分最高。这在形式上主要体现在遵守行业规范、法律规范等方面，而在慈善公益、环境保护等方面表现欠佳。

这可能和本次调研的样本企业多数是中小企业有关。处于创业阶段的家族企业，其主要精力是为了自身生存而努力。而相对而言，一些大的企业在社会责任承担方面已经做出表率。

曹德旺家族掌控的福耀集团是规模最大的被采访企业，曹德旺个人也曾被誉为"中国最慷慨的慈善家"并获得"中华慈善突出贡献个人"奖。特别是2011年5月5日，在河仁慈善基金会成立大会上，曹德旺先生与其妻子陈凤英女士，正式宣布向河仁慈善基金会捐赠所持福耀集团3亿股股权，总价值35.49亿元人民币。值得一提的是，社会责任与慈善并不是到企业成功以后才开始的。曹氏捐钱从1983年开始，至今捐献已经超过60亿现金。所以，曹德旺可以很自豪地说他是不以营利为目的，因为他赚了钱就拿去捐掉。

家族企业的捐赠行为更多地体现了家族的追求和信念。信奉佛教的曹氏家族也认为，只要有人品有人格，不捐钱也是伟大的，曹德旺相信佛教"六度"，慈善并非只是钱财捐赠。在他看来，对旁人的一个微笑，真诚地去关心他们，皆为慈善。本次健康指数研究数据还显示：接班人能力和意愿越高的企业，责任力得分越高。这是为什么？因为家族企业是希望世世代代延续下去的企业，他们所持的观念必须是持续发展的，而持续发展就离不开责任感。曹德旺认为家族企业超越家族本身承担社会的责任是家族企业延续发展的应尽之义。家族企业积极参与公益、教育、扶贫与发展、医疗卫生、环保事业，为改善人类生存环境而努力。越来越多的家族企业开始考虑除了经济价值之外的财富价值，不仅关心如何创造，更关心自己辛勤获得的财富如何能够找到更好的归宿。

应该说，每一个企业都会关注社会责任。承担社会责任较好的公司，就是要让各个利益相关者随着企业的成长和发展互利共赢，构建一个和谐的商业生态圈。如果需要，还要将这种商业文明，作为一种正的外部性、一种正能量、一种表率影响到业界或周围的其他企业和企业家。

●●●5. 基于信任的泛家族职业化管理

目前，中国大多数家族企业中家族成员都直接参与企业的经营管理，或者到企业帮忙，这是因为在创业阶段，新的企业无法获取足够的外部人才。人力资本不足是中小企业特别是家族制企业普遍遇到的瓶颈。特别是处于一些非中心城市的企业，往往无法提供有竞争力的薪资来吸引员工；而在企业内部，可能也长期缺乏对职业经理人的股权激励机制。在很多中小企业，向有能力和忠诚度的员工进行股权激励之所以还不普遍，可能与家族高度控制企业，短期内无法对外人建立信任关系有关。

当然，也不排除这样一种可能，即便是股权激励，员工也未必能够感受到这部分薪酬的价值。

本次案例调研的企业中，在股权激励方面也有做得比较好的典范，浙江义乌的典雅织造就是其中之一。典雅织造的女老板金敏贞正在考虑给工作满五年的骨干员工进行股权激励，她相信财散人聚，对员工爱护包容才能获得员工的支持。"企业不可以100%都是自己的，企业需要有智慧的人来参与。"同样，在接班问题上，她认为并不一定要儿子来接班。"如果儿子优秀并有兴趣，我当然偏向于儿子，但如果儿子能力不够，我会从外面请人，儿子、孙子只享受股权分红，保证他们的正常生活。"

金敏贞对企业员工的忠诚非常看重，她有句名言：对企业而言，人才不是最重要的，能够跟着你的人才才是最重要的。因此，她有时会非常羡慕日本企业，因为其员工离职率非常低。对企业与员工的关系，金敏贞有自己的认识。她认为，企业是一个男人，员工是女人。一家企业应该像男人一样，具备吸引女人（员工）的才华跟能力。这样，这个女人（员工）才不会出走甚至背叛。

股权激励措施将员工利益与公司利益紧密联系在一起，员工与公司形成了利益共同体；股权激励计划可以有效提高团队凝聚力、构建互信、稳定的管理团队，做到群策群力。而金敏贞想做的，是那个"当头的人"。她这样描述"当头的人"："家族（企业）的团结非常重要，当头的人绝不能有私心，当头的人想的是大家的利益。""当头人"智慧下的员工要像家族成员一样忠诚。正是在这样的理念下，金敏贞具有强烈的利他主义精神。在2008年实现大规模赢利之后，别人曾经问她人生梦想是什么，她说，帮助其他更多的人实现价值是她的追求。

（执笔：朱建安、巩键）

参考文献

[1] Anderson R C, Reeb D M. Founding-family ownership and firm performance: Evidence from the S&P 500[J]. Journal of Finance, 2003, 58(3): 1301-1328.

[2] Astrachan J H, Kolenko T. A neglected factor explaining family business success: Human resource practices[J]. Family Business Review, 1994, 3(7): 251-262.

[3] Astrachan J H, Shanker M C. Family businesses' contribution to the US economy: A close look[J]. Family Business Review, 2003, 16(3): 211-219.

[4] Barney J. Firm resources and sustained competitive advantage[J]. Journal of Management, 1991, 17(1): 99-120.

[5] Bass B M, Avolio B J. Multifactor leadership questionnaire[M]. Palo Alto, C A: Consulting Psychologists Press, 1993.

[6] Bennedsen M, Nielsen K M, Pérez-González F, et al. Inside the family firm: The role of families in succession decisions and performance[J]. Quarterly Journal of Economics, 2007, 122(2): 647-691.

[7] Berenbeim R E. How business families manage the transition from owner to professional management[J]. Family Business Review, 1990, 3(1): 69-110.

[8] Bloom N, Reenen J V. Measuring and explaining management practices across firms and countries[J]. Quarterly Journal of Economics, 2007, 122(4):1351-1408.

[9] Chandler A. The visible hand: The managerial revolution in American business[M]. Cambridge,MA: Harvard University Press, 1977.

[10] Chandler A. Scale and scope : The dynamics of industrial capitalism[M]. Boston, MA: Belknap Press of Harvard University Press, 1990.

[11] Chua J H, Chrisman J J, Sharma P. Defining the family business by behavior[J]. Entrepreneurship Theory and Practice, 1999, 23(4): 19-39.

[12] Covin J G, Slevin D P. The influence of organization structure on the utility

of an entrepreneurial top management style[J]. Journal of Management Studies, 1988, 25: 217–234.

[13] Covin J G, Wales W J. The measurement of entrepreneurial orientation[J]. Entrepreneurship Theory and Practice, 2012, 36: 677–702.

[14] Cruz C, Larraza–Kintana M, Garcés–Galdeano L, et al. Are family firms really more socially responsible?[J]. Entrepreneurship Theory and Practice, 2014, 38(6): 1295–1316.

[15] Davis P, Harveston P. The influence of family on the family business succession process: A multi–generational perspective[J]. Entrepreneurship Theory and Practice, 1998(22): 31–54.

[16] Dierickx I, Cool K. Asset stock accumulation and sustainability of competitive advantage[J]. Management Science, 1989, 35(12): 1504–1511.

[17] Dou J, Zhang Z, Su E. Does family involvement make firms donate more? Empirical evidence from Chinese private firms[J]. Family Business Review, 2014, 27(3): 259–274.

[18] Dyer W G. The family: The missing variable in organisational research.[J]. Entrepreneurship Theory and Practice, 2003, 27: 401–416.

[19] Dyer W G, Whetten D A. Family firms and social responsibility: Preliminary evidence from the S&P 500[J]. Entrepreneurship Theory and Practice, 2006, 30(6): 785–802.

[20] Flamholtz E, Randle Y. Growing pains: Transitioning from an entrepreneurship to a professionally managed firm[M]. San Francisco: Jossey–Bass, 2007.

[21] Freeman R E. Strategic management: A stakeholder approach[M]. Cambridge, UK: Cambridge University Press, 1984.

[22] Gabrielsson J. Correlates of board empowerment in small companies[J]. Entrepreneurship Theory and Practice, 2007, 31(5): 687–711.

[23] Gedajlovic E, Lubatkin M H, Schulze W S. Crossing the threshold from founder management to professional management: A governance perspective[J]. Journal of Management Studies, 2004, 41(5): 899–912.

[24] Gersick K E, Davis J A, Hampton M M, et al. Generation to generation: Life cycles of the family business[M]. Boston: Harvard Business School Press,

1997.

[25] Gomez-Mejia L R, Campbell J T, Martin G, et al. Socioemotional wealth as a mixed gamble: Revisiting family firm R&D investments with the behavioral agency model[J]. Entrepreneurship Theory and Practice, 2013, 38(6):1351-1374.

[26] Habbershon T G, Williams M L. A resource-based framework for assessing the strategic advantages of family firms[J]. Family Business Review, 1999, 12(1): 1-26.

[27] Klein S B, Ward J L. Keeping the family in family firms: How to plan for continuing growth, profitability, and family leadership[M]. Basingstoke, UK: Palgrave Macmillan, 2011.

[28] Levinson H. Conflicts that plague family businesses[J]. Harvard Business Review, 1971, 49(2): 90-98.

[29] Lumpkin G T, Dess G G. Clarifying the entrepreneurial orientation construct and linking it to performance[J]. Academy of Management Review, 1996, 21: 135-172.

[30] Miller D. The correlates of entrepreneurship in three types of firms[J]. Management Science, 1983, 29: 770-791.

[31] Olson D H, Russell C S, Sprenkle D H. Complex model: Systematic assessment and treatment of families[M]. New York: Haworth Press, 1989.

[32] Rogoff E G, Heck R K Z. Evolving research in entrepreneurship and family business: Recognizing family as the oxygen that feeds the fire of entrepreneurship[J]. Journal of Business Venturing, 2003, 18: 559-566.

[33] Schein E H. The role of the founder in creating organizational culture[J]. Family Business Review, 1995, 8(3): 221-228.

[34] Sharma P, Chrisman J J, Chua J H. Succession planning as planned behavior: Some empirical results[J]. Family Business Review, 2003, 16(1):1-15.

[35] Wernerfelt B. A resource-based view of the firm[J]. Strategic Management Journal, 1984, 5(2): 171-180.

[36] 陈凌,冯晞. 2012中国家族企业健康指数报告[M].杭州: 浙江大学出版社, 2012.

[37] 陈凌,冯晞. 2013中国家族企业健康指数报告[M].杭州: 浙江大学出版社, 2013.

[38] 陈凌,李新春,储小平. 中国家族企业的社会角色——过去、现在和未来[M].杭州: 浙江大学出版社, 2011.

[39] 陈凌,王昊. 家族涉入、政治联系与制度环境[J]. 管理世界, 2013(10): 130–141.

[40] 陈凌,王萌,朱建安. 中国家族企业的现代转型——第六届"创业与家族企业成长" 国际研讨会侧记[J]. 管理世界, 2011(4): 163–166.

[41] 储小平. 职业经理与家族企业的成长[J]. 管理世界, 2002(4): 140–147.

[42] 杜兴强,郭剑花,雷宇. 政治联系方式与民营上市公司业绩:"政府干预"抑或"关系"[J]. 金融研究, 2009(11): 158–173.

[43] 潘必胜. 家族企业与中国市场化进程[J]. 中国社会科学季刊（冬季号）, 1999:101–112.

[44] 郑伯埙. 差序格局与华人组织行为[J]. 本土心理学研究, 1995(3): 214–219.

[45] 郑伯埙,周丽芳,樊景立. 家长式领导量表：三元模式的建构与测量[J]. 本土心理学研究, 2000(14): 3–64.

索 引
INDEX

后 记
EPILOGUE

　　《2014中国家族企业健康指数》是浙江大学管理学院进行的第三次家族企业健康指数研究。本项目于2014年7月正式启动后，项目组集中精力展开样本调查、数据分析和报告撰写，于2014年12月完成并出版。

　　在项目研究中得到了多位专家、企业家的支持和帮助，特别感谢香飘飘集团蒋建琪家族、福耀集团曹德旺家族、义乌宾王集团楼晓康女士、浙江利达针织有限公司茹潇女士、浙江典雅织造金敏贞女士、海川视野咨询集团董事长助理陈小永研究员、英国威斯特敏斯特大学江南博士生。在项目执行的过程中，中山大学管理学院EDP中心、西安交通大学管理学院EDP中心、华中科技大学管理学院EDP中心、中国科技大学管理学院EDP中心、浙江大学管理学院EDP中心、浙江大学继续教育学院、浙江大学浙商研究院江西分院、方太家业长青学院等在家族企业家的甄选和访谈上，给予了项目组大力支持与帮助，在此表达诚挚的谢意。

　　同时，也要感谢接受项目组深度访谈和调查的近300名中国家族企业家、接班人及职业经理人，没有你们的支持和帮助，也就不会有这项研究报告的问世。

　　最后要特别感谢浙江大学管理学院家族企业研究所的王健茜、巩键、谢惊晶、王丹、张玮、吴炳德、朱建安、陈华丽、陈士慧、王昊、王宁、张玲丽、傅颖、包佳等等，他们在此次研究中共同完成了企业家访谈、问卷调查、报告撰写等工作。感谢浙江大学出版社编辑樊晓燕博士一如既往对健康指数系列报告的支持，正是他们的辛勤付出，这份研究报告才得以出版！